U0654520

国家出版基金项目
NATIONAL PUBLICATION FOUNDATION

海洋强国出版工程

中等强国的海上战略

【英】约翰·理查德·希尔 著
吕贤臣 李 珂 周垂友 译
岳玉庆 校译

上海交通大学出版社
SHANGHAI JIAO TONG UNIVERSITY PRESS

内容提要

　　本书指出世界上存在一类中等强国，如英国、法国、印度、巴西、日本，也许还有中国和其他一些国家，他们拥有足够的军事力量来保护其国家利益，但又无法与超级大国相抗衡。中等强国能做什么，不能做什么，他们依靠自身力量能保护其哪些利益，是否需要与超级大国结盟等都是需要慎重考虑的问题。本书概括地评述了海战的整个领域——海军装备、作战问题、编制体制和海上部署等。当然，本书并不是为中等强国制定具体的海上战略规划，而是主要提出了中等强国海上战略的一般性理论，因此普遍受到世界各国的重视。该书的主要读者为海军战略研究专业人士和对国际政治、军事感兴趣的一般读者。

图书在版编目(CIP)数据

中等强国的海上战略 /（英）希尔著；吕贤臣，李珂，周垂友译. —上海：上海交通大学出版社，2015
ISBN 978 - 7 - 313 - 14032 - 6

Ⅰ. ①中… Ⅱ. ①希… ②吕… ③李… ④周… Ⅲ. ①海洋战略-研究 Ⅳ. ①E815

中国版本图书馆 CIP 数据核字(2015)第 260851 号

中等强国的海上战略

著　　者：〔英〕约翰·理查德·希尔	译　　者：吕贤臣 李 珂 周垂友
出版发行：上海交通大学出版社	地　　址：上海市番禺路 951 号
邮政编码：200030	电　　话：021 - 64071208
出 版 人：韩建民	
印　　制：杭州富春印务有限公司	经　　销：全国新华书店
开　　本：787 mm×960 mm　1/16	印　　张：16.25
字　　数：176 千字	
版　　次：2015 年 12 月第 1 版	印　　次：2015 年 12 月第 1 次印刷
书　　号：ISBN 978 - 7 - 313 - 14032 - 6/E	
定　　价：50.00 元	

版权所有　侵权必究
告读者：如发现本书有印装质量问题请与印刷厂质量科联系
联系电话：0571 - 64361028

前　言

撰写本书的想法始于 1968 年。这一年可以说是 20 世纪后半叶政治形势最为动荡的一年,也正是在这一年,英国的国防政策发生了重要变化。

在此之前,尽管各种内部和外部的因素不断发生变化,英国始终视自身为国际大家庭中一名独立的成员。1967 年通过的国防修正案(其封面还极具讽刺意味的被印成了鲜红色)一改往日对北约联盟的重视,更加强调国际维和以及应对苏伊士以东地区的小规模军事冲突。它明确指出,英国应利用一切自卫或是威慑等举措来维护本国利益。尽管英国的手段乏善可陈,但其意图却表露无遗。

然而,由于经济危机的冲击,1968 年 1 月,英国的国防政策发生了改变。随着武装力量规模的下降,其任务也急剧削减。从此以后,英国的国防政策就与其西方盟友的政策紧密相连,新的兵力需求只能去适应这种变化了的国防政策的需要。

就像当时的一份政府报告中所称,英国的战略已经到了无处可退的地步。北约联盟是英国外部安全的核心,在兵力部署中,苏联是必须认真对待的唯一威胁。相对于工党,保守党政府更喜欢公开鼓吹这样一个设想:北约联盟地域和政治边界以外的任何军事行动,都可以由各成员国提供的武装力量来遂行。这一点毫无疑问。20世纪70年代中期,一位刚刚上任的国防大臣在听取了其文职顾问的详细汇报后,被问及英国的国防政策是什么时,他只丢下了一句话——为北约作出自己的贡献——然后就闭口不谈了。

1967—1980年,笔者在国防部担任参谋,主要负责兵力规划工作。在笔者看来,当时的国防政策存在一些问题。首先,英国需要为北约作出多大的贡献?与陆军和空军相比,海军承担的义务可能会更重一些。不管当初英国在欧洲大陆的兵力部署是否适当,其依据都是北大西洋公约及相关协定,英国本土的防务保障措施也是按照北约的任务要求建立和完善的。1969年后,英国陆军在北爱尔兰问题上面临着沉重的压力,完全可以为此提出自身的建设需求。而在海上,北约根本没有给英国划定防卫责任区,因此英国海军的建设需求就缺乏稳固的基础。更何况北约的武装力量建设目标,本来就是在原有基础上继续扩充得出来的,缺乏合理性。北约的海上力量完全由美国掌控,在中欧根本没有敌手,如果继续扩充的话,实在是说不通。

更为重要的是,英国当时面临着一个战略性难题。20世纪70年代以来,英国已明显不适应北约的防务安排。鳕鱼战争、阿曼问题、加勒比问题以及南大西洋和新赫布里底群岛问题无不关乎英国的利益,却又在盟国的关切之外。当然有些是大英帝国的遗留问题,但有些却不是。显而易见,英国的利益与北约的利益根本就不是一回事。当然,在这一点上英国并非个例。没有哪个北约成员国有着和北约联盟完全一致的利益关系。但是英国很难为自己的特殊利益制定任何实际的行动计划,而英国的地缘和历史又决定了她的这些特殊利益又无不带有海洋色彩。

基于此,英国不可避免地陷入一种矛盾的境地。一方面,战略环境要求英国海上力量能够在多种情况下作出快速反应,并将其所有可能的需求纳入战略规划之中。另一方面,这些需求的合理性又要放在同盟义务这一更为狭窄的范围内进行考量(尽管有些时候这些具体的方案能够切合实际)。这些理由不无道理,但是不够完整。任何试图将这种遮遮掩掩的国家诉求与公开的北约需求协调起来的努力是不会受到部长大臣、政府公务员以及除海军之外军种部队的欢迎的。在70年代中期,海军曾在反复斟酌之后非常正式地提交了一份公开报告,但是后来这份报告就石沉大海了。

就像经典著作中的琼斯一样,海军参谋部在竭尽所能之后仍旧孑然一身、无人追随,它所能获得的仅仅是舰船超期服役、改革进展缓慢的英国海军和查特菲尔德所称“白厅内部防卫派”的无力支持。不过,一旦某个项目形成书面文字,它就要做出某些变通。舰队和海军航空兵为了满足国家和北约需要,尽力维持或新建了一些项目,如增强海上支援力量、建造舰载固定翼飞机、打造相当规模的专业化两栖部队等。然而,他们却无力发展舰载空中预警系统,由此导致了1982年那一幕的发生。

所有这些都促使笔者以更加广阔的视野和更加理论化的路线进行思考。英国是独特的,所有国家都是独特的。但是,她也确实有许多与其他中等强国共同的特征和利益需求。自1945年以来,英国力争成为超级大国的雄心壮志已不复存在(笔者还记得当年在皇家海军学院辩论委员会就“英国已不再是一流强国”

而辩论)。很显然,英国在这方面并不独特,也不典型。法国的例子如果靠得住的话,英国的解决方案就不是唯一的。在笔者看来,70年代以后,搜集其他中等强国(无论是发展中国家还是发达国家)在寻求本国战略尤其是海上战略的出路方面所采取的方式,进而形成相应的基本原则或基本理论,将会变得有价值起来。

任何曾在国防部工作的人员都可以设想这项工作开始后的情景:彻夜不眠、唧唧喳喳,到头来仅仅留下其中最重要的一两个要点,没有任何记录,有价值的东西都被埋藏在了心底。

此后,笔者开始为《海军评论》(发行范围严格限制在会员内部)撰写了一系列文章。这些文章在1976—1977年陆续发表,读者评价很高。1979年笔者在剑桥课外研讨会上提交了一篇研讨文章——《联合王国的战略选择》,引起了更为强烈的反响:学术界认为笔者的观点有一定道理,政界军界有些人士对此也表示赞同,不过也有个别人对之不以为然。后来,在退休前的那段时间,笔者有机会组织了两场关于"中等海上强国"的研讨会,绝大多数嘉宾都应邀出席,会议推出了很多高质量的论文。

本书的成稿离不开所有这些前期的工作。由于个人能力有限,不足之处在所难免。本书也没有遵循现代合著著作的流行趋势。在这里,笔者要感谢那些为本书的创作贡献智慧的人们,他们是:乔纳森·埃尔夫德、克里夫·阿契尔、肯·布兹、詹姆斯·凯布尔爵士、伊万·考斯比、海军上将詹姆斯·伊波尔爵士、爱德华·格瑞兹海军少将、皮特·克姆海军上校、杰夫雷·凯利、盖伊·里尔德特海军上校、詹姆斯·麦克奈尔海军中将、伊安·麦克乔治爵士、皮特·内勒教授、理查德·夏普海军上校、布莱恩·兰伏特教授、米歇尔·拉肯海军中校、杰夫雷·迪尔、伊丽莎白·杨。还有远在法国的艾赫维·古登·贝加里、马塞尔·杜瓦海军上将和奥利维耶·塞瓦特海军少将;印度的 M·P·阿瓦提海军中将;巴西的鲁伊兹海军上校;日本的大西诚一郎博士。还要感谢笔者的妻子,感谢她长期以来的理解、支持与鼓励,感谢她在历次研讨会中的辛勤工作。没有她,本书是无论如何也无法完成的。

目　录

第一部分　战略背景

一、中 等 强 国

　　一般而言,每个国家都有其独特性,这种独特性来自于由语言、社会组织、文化、经济结构和地缘特征等各种因素相互作用而形成的深入民族、国家思想深处的一种认同感。这种独特性有时非常明显,以至于能够被普通的游人或观察者感知,但有时又非常细微,细微到几乎看不出与周边国家的区别。但不管怎样,这种独特性的确是存在的。

　　然而,这并不是说各民族、国家之间就不存在某些相同或非常相近的特征。举例来说,我们可以简单地依据各种统计数据,将那些人均收入相对较高的国家划分为一类,称之为富裕国家;将那些人均收入相对较低的国家划分为一类,称之为贫穷国家。进而,还可以依据每个国家对外贸易或是对某种经济形式的依赖程度进行分类。那么,这种分法能否用于分析国家的力量构成呢? 这就是本章将要回答的问题。

　　对"力量"这一概念进行定义实属不易。仅在《简明牛津英语词典》中,"力量"一词就有 14 种不同的解释。本书主要针对的是"国家力量"这一概念,将各个国家看作有着明确而连续的对外政策的实体。诚然,某国内部的矛盾分歧也会对该国国力的施展产生一定影响,但本书假设这些矛盾分歧得到了有效控制。另外,本书并没有着眼于统治阶层的等级理论或是内部斗争,否则,难免会把关注点转移到内部而不是外部事务上①。在这里,笔者将"国家力量"看作权威和有目的性的,是与国家政策相协调一致的,其构成也是复杂多样的,不会全是单一的军事、经济或外交因素,所有的构成要素也不会同时发挥作用。不过,在一套经过认真研究制定的战略方针中,上述因素必定是共同发挥作用的,而我们也会以此来赋予"力量"一词更为实用的定义,即:"力量"是指一个国家对时局的影响力。

力量的构成要素

"财力"的概念如同"力量"的概念一样难于描述。对大多数国家而言,它几乎就是一国活力最充分的体现。不过,仅就本书来说,它的作用也许并不是最突出的。许多繁荣的经济体都将注意力集中于内部事务。与此同时,还有类似日本这样的国家,她确实想通过在国际市场上的影响力来展现其对国际事务的影响力。不过,到目前为止,她的这种影响力大多仅仅体现在经济事务上②。日本的这种情况,一方面是经济强国理念在起作用,另一方面则是由于资本主义经济强国中,国家的经济实力大都掌握在个人或公司手中,政府无法充分利用其为国家利益服务。更进一步讲,各类金融机构的影响力也没有想象中的那么大。面对庞大的国际债务,即使收回抵押品,也无法阻止某些国家的军事冒险行动。由此看来,经济强国仅能在国际经济事务中发挥一定作用,而在国际安全事务上却难有作为。不过,如果一国

---

① 参见 Dan Smith, *Defence of the Realm in the 1980s* (Croom Helm, London, 1980), p. 22.

② Bruce Grant, *The Security of South-East Asia* (International Institute for Strategic Studies, Adelphi Paper No. 142, 1978), p. 16.

的财力在对外交往中发挥着至关重要的作用，那么这种经济力量自然就会成为该国其他力量发展的基础。

第二种力量的影响常常被低估：这就是智力。雄厚的教育基础、适宜的学术创新环境、被广泛使用的语言、系统明晰的哲学体系或意识形态、成熟的科技研发模式等都是一个国家极其重要的财富。由充满活力与创造力的犹太人组成的以色列就是一个活生生的例子。尽管此前笔者已放弃了马克思主义的研究方法，但不得不对马克思主义影响历史进程的伟大力量表示钦佩。尽管戴高乐领导下的法国其灵活而独立的外交多少显得有些苍白，但依然展示了法国的国力。现在，人们越来越多地将知识及其相关能力视为一国国力的主要因素。总的来说，智力作为国家力量的组成要素之一，其存在是非常广泛的，尽管收效缓慢，但一经发掘便会产生持续的影响。

第三种力量是军力。如今，没有哪个国家会承认本国的外交政策以军力为主导，也几乎没有国家会奉行穷兵黩武的外交政策。尽管战争依旧存在，但征服已不再时兴，而且一般总是会受到限制和交战双方内部的抗议和质疑。然而，世界军备无论从装备火力、资源分配（绝对的或是人均的，或是相对于整个国民收入的比例）还是公共意识上都处于历史最高点。造成这种状况的那些相互作用和相互对抗的紧张关系、制约和平衡因素将是下面要重点研究的内容。在这里，我们完全可以说，军力能够以一种激烈而广泛传播的形式来影响事件。在休眠状态下，它表现为一种威慑力，其作用可能是有限而缓慢的。但一旦上升为实际的冲突，往往是激烈的。一旦诉诸武力，就会涉及敌对双方国家社会生活的各个层面，进而产生极为广泛和深远的影响。

如此看来,国力可分为三种:财力、智力和军力。从本质上讲,第一种是最吸引人的,是其他力量的基础,但实际作用往往缺乏效力。第二种虽然颇具影响力但收效缓慢,不易控制。第三种是危险、暴力和有害的。三者可能会被认为是一出邪恶三重奏,当然,肯定不是三美神,不过它们却是一国趋利避害的必备手段。

弱点与核心利益

一个民族国家总是力图维持自身作为一个实体的存在。这是一句大实话,如同开篇那句话一样,但这不是一厢情愿的。如果一国由于民族、宗教或是政治的纷争而陷于分裂,且内部缺乏凝聚力,那么它维持国际认同的意愿就会非常微弱。同样,这个国家在国际舞台上也不会有很好的表现。不过这并不是说它们无足轻重,这些国家还可以凭借自身的力量对其他国家或组织进行支持。尽管如此,本书并未将上述国家作为一项内容进行研究。因此,本节开篇的大实话只能作为一个暂时性的假设。

一国作为一个实体存在,必须具备两个基本条件。在《联合国宪章》中已得到清楚的表达:领土完整和政治独立①。

1. 领土完整

英国人也许是世界上最没有领土完整这一概念的人群。这个岛国长久以来一直是作为一个实体存在的。她的所谓内部边界仅仅是一种摆设。其经济文化多样性具有相对较好的环境适应能力,3个世纪甚至可以说9个世纪以来,英国未曾遭受过成功的入侵,其领土完整的维持均通过高效的行动得以实现。然而,在与其隔海相望的另一个岛屿上却是迥异的状况。在那里,

———————

① Charter of the United Nations, Art, 2(4).

其他国家面临的所有问题,像派系斗争、民族分裂、边界纷争和海洋权益之争等,都在困扰着大英帝国。不过,由于远离英国本土,这些问题在大多数英国人看来似乎并不那么严重。

然而,对绝大多数国家来说,领土完整一直都是个极其敏感的问题。目前世界上多数国家建立时间不长,很多都面临着内部纷争、民族团结等问题,经常遇到边界与他国相冲突或是边界与民族、自然界限不一致等情况。这些不一致会唤醒内部的民族统一主义,进而可能引发边境争端,并或多或少地导致极端思想的产生。一般来说,确保陆地边界的不可侵犯性是联合国的重要宗旨之一,因此,各种边界争端往往转移到海上,表现为海洋划界的争端。

用医学术语来讲,1920年之前就已建立的、历史相对较长的国家面临的领土问题属于慢性病的范畴。争议地区大都几度易主,其对陆上入侵的敏感性之高甚至超出纯粹逻辑上可以描述的范围。这些地区内部的民族之间及其他社会群体之间的差异,随着时间推移进一步加大,只不过有时这种差异处于平稳状态,有时则会急剧恶化。这些国家会与其邻国通过协商达成某些协议,而在海洋问题上,这些协议通常又是关于历史权益归属问题的。

显然,领土完整尤其是陆上领土的完整对国家军事力量非常敏感。除了某国自愿或是在国际仲裁下被迫放弃自己的部分领土之外,领土的变更都是在武力或以武力相威胁的情况下实现的。

海洋领地的完整就不是那么简单的事了。首先,各国在不同的海区拥有的主权与权利不同。在内水,一国拥有与陆上领土一样的主权与权利;在领海,还需要与他国分享某些权利;在专属经济区和大陆架，则仅享有其资源上的主权权利。这样一来，领土的不可侵犯性在海上就受到了某些限制，"使用武力或以武力相威胁"这种绝对的制裁方式就会逐渐模糊，而经济的、外交的或是法律的手段则会作为辅助措施出现。

2. 政治独立

在领土完整问题上，如果英国的例子不够典型的话，那么在政治独立问题上也是一样。目前，有人对将"相互依赖"作为国际交往的基础表示坚决质疑，但同时还有一种假设："独立"是一种高度分化、复杂多变的现象①，不能想当然，而要视情况而定。

然而，在笔者看来，世界上多数国家的情况并没有那么复杂。她们当中很多都太年轻了，政治独立对她们来说只能是一个耀眼的现实，就连领土完整和国家独立本身也像璀璨的珠宝一样奢侈得让人遥不可及。而另外一些国家为了维护政治独立而殚精竭虑、不遗余力，他们认为，在这一问题上不允许出现任何形式的依赖性。那些毫无独立性而言、被联盟体系绑架或是置于霸权体系之内的国家，往往无法自由行动，偶尔进行的独立外交行动都会令其激动不已②。

不过，政治独立的概念确有其复杂的一面。相对于领土完整来说，这个概念不是很精确。政治独立难道仅仅是一国国民选择本国政体与首脑的权利吗？仅仅是一国政府制定并执行自身政策的权利吗？还是一个民族国家抗拒霸权国家勒令其改变自身政策的无理要求的权利？

---

① P. Nailor, Gosport Seminar on Medium Maritime Power, November 1981，未公开记录。

② 这些很容易被阻挠，德意志民主共和国总理昂纳克计划 1984 年底访问波恩，就因苏联的反对而被迫取消。

或许以上这些内容都包括在内。因此，相对于领土完整而言，政治独立是一个笼统宽泛的概念，其面临的挑战也更加多样，很容易受到本章所讨论过的全部类型的国家力量的影响。首先它会受到经济力量的影响。毫无疑问，不管加拿大人如何想，加拿大的政治行动自由完全受制于美国的经济力量。其次它还会受到智力因素的影响。"争夺人心的战争"常常被外部势力用于描述对那些处于混乱状态的国家所采取的行动，这也充分印证了这种干涉形式的存在。最后是军事力量的影响。1968年苏联入侵捷克，就是为了扼杀被称为"布拉格之春"①的政治独立行为。

在此就出现了一些问题，比领土完整涉及的问题还要多。《联合国宪章》第二条第四款只规定了不能使用武力或以武力相威胁，但并没有指出非军事手段的利用与影响在多大程度上是不允许的。尽管过去的40年中，不管是安理会还是联大都应许多国家的请求对这一条款进行过扩充，但鉴于经济或是智力因素背后没有武力威胁的支持，而没有将这两者纳入其中。其他像第一条第二款、第二条第一款还有第三十三条以及联大通过的众多决议，都公开或隐含地对干涉他国事务的行为进行了谴责。所有这些就是要防止一国对另一国或另外几国的支配控制，也就是今天所谓的霸权主义的出现。而多数霸权主义国家，

① 1968年1月，杜布切克任捷共中央第一书记并开始一系列改革，包括改变苏捷经济上不平等状态以及实行新的经济管理体制等。西方称之为"布拉格之春"。1968年8月20日深夜，苏以"保卫社会主义成果""捍卫社会主义大家庭各国安全"为由，集合华沙条约组织四国，突然出动几十万军队占领捷全境，并将杜布切克等捷主要领导人带到莫斯科"会谈"，对捷人民的抗议实行镇压。8月26日，捷苏签署协议，同意"盟军""暂时留驻"。直到1989年捷政局剧变后，两国才于1990年2月签署苏从捷撤军协议。——译者注

如果遭到抗拒，必然会使用武力或以武力相威胁。因此，尽管霸权主义一词如今已成为陈词滥调，但其确实是《联合国宪章》第二条第四款所要防止出现的情况之一。

3. 核心利益的延伸

领土完整与政治独立是一国的核心利益，但它是否囊括了核心利益的全部内容还有待商榷。如果是，就像现在普遍认为的那样，一国只有在其核心利益受到严重威胁的情况下才能诉诸武力，那么英国在东南亚，法国在乍得，新西兰在法属太平洋核试验区所采取的行动又当作何解释呢？甚至1982年的福克兰群岛之战也需要就领土完整的问题做出一个灵活的解释。这就是：各国的核心利益不仅仅是《联合国宪章》中提到的领土完整和政治独立，还有第三类更加难于描述的利益存在。

最准确的解释或许来自于"改良"这个概念。世界上绝大多数政府，不管其政治取向如何，都希望其治下的国家繁荣昌盛。为了达到改良的目的，政府就需要确立很多目标。1950年拉斯韦尔(Harold Lasswell，1902—1978)曾将这些目标描述为：①力量、财富、教化、健康、尊重、技术、团结和公正。显然，这些描述不一定很准确、很完整，实际上任何一套目标术语都可以达到相同的效果②，

---

① Lasswell and Kaplan, *Power and Society* (Yale University Press, New Haven，1950).

② Myers. McDougal and William T. Burke, *The Public Order of the Oceans* (Yale University Press, New Haven，1962)，p. 17, n. 45. 例如，The UK's Overseas Representation, Cmnd, 7308 (HMSO, London，1978)这样描述英国国家目标："维护国家安全，保护国家繁荣，维护和宏扬国家基本价值观和自由，恪守诺言，履行义务，努力建设一个和平正义的世界，并为此向发展中国家提供援助。"分析表明，上述目标与拉斯韦尔所述截然不同。

关键在于它们组合在一起的好处有物质、机制和精神上的，这些都是各个国家希望达到的，也愿意为此付出积极努力（即使像团结和公正这些可能一成不变的东西）。但如果这些努力受到阻碍甚至朝反方向发展，那这个国家就很危险了，它就会失去国际影响力，丧失财富和自尊①，任其发展下去就会对该国在两方面产生不利影响，即：无法提供力量支援的挫败感，以及对维护自身生存而进行的冒险行为的一种自我赏析。

因此，各国政府必须将她们这种"改良"的愿望以及与此相关的重要行动当作一项大事来抓。那么到底需要多大力度呢？对财富、健康或是团结的一丁点儿威胁恐怕还不能说是致命的，但这些威胁累积起来却有可能是致命的。英国在东南亚的行动就很典型，她很想维持马来西亚这块精心培育过的土地，帮助其抗拒一个很有可能成为敌对阵营一员的势力，因为这里有丰富的资源和极具战略意义的海峡。如果英国承担不起这份责任，那她作为一个去殖民化国家②和盟友的信誉就会受到很大削弱。尽管面对外交上的敌意和国内民众的冷漠，这些利益还是被视为核心利益。

4. 维护核心利益

由于本书探讨的是一国尤其是中等强国如何通过海上战略来维护自身的核心利益，此时就匆忙总结这些国家如何开始着

---

①　Michael Howard 在"*The Cause of War*"（Temple Smith，London，1983）第 16 页中说，"各国涌讨战争来'维持国力'"。鉴于本章对国力进行的详细定义，上述论点是成立的。

②　又称非殖民化、解除殖民，去殖民化这个词主要是指二战后英国位于世界各地的殖民地纷纷争取独立，当中由印度及巴基斯坦脱离英国管治牵起序幕。——译者注

手这项工作,未免有些荒唐。他们需要先分析评估自己的弱点,无论是在领土完整问题上,还是在政治独立和一系列核心利益的延伸等更为复杂的问题上,都要进行深入分析,并结合对本国可用资源的审慎思考来确保这些弱点不会对本国造成损害。在这个纷繁复杂的世界上,由于资源与目标的不匹配,大多数国家的战略都是政策、手段与措施综合运用的结果。接下来,我们要研究的就是这些国家,尤其是中等强国的一些特征。

国家的分类

本节讨论的是国家,而国家又是一个多样的、定义模糊且无法量化的东西,因此以数字统计表来为国家分类或是分级是不太可能的。不过,以数字统计作为研究之基础也无可厚非。经济力量是目前为止所描述的各种力量中最具量化可能性的,表1.1.1按人口、人均收入和国内生产总值几部分列出了世界上具有强大经济力量的35个国家及其相关统计数字。

表 1.1.1　1982 年世界主要国家经济力量统计

国　家	人　口 (百万)	国内生产总值 ($ 10 亿)	人均收入 ($)	出　口 ($ 10 亿)	占 GDP 比重
阿根廷	29.16	100.0a	3 500a	7.63	7.6
澳大利亚	15.18	159.42	9 518	20.71	13.0
奥地利	7.57	67.25	7 731	15.43	22.9
比利时	9.86	86.23	7 870	51.25	59.4
巴　西	126.81	250.68	2 125	21.90	8.7
加拿大	24.63	298.57	10 275	76.75	25.7
智　利	11.49	24.14	1 699	3.84	15.9
中　国	1 020.00	500.00a	490a	22.18	4.4
丹　麦	5.12	56.38	9 606	16.00	28.4
埃　及	44.67	29.14	660	3.12	10.7
芬　兰	4.82	49.10	8 685	12.54	25.5

（续表）

国　家	人　口（百万）	国内生产总值（＄10 亿）	人均收入（＄）	出　口（＄10 亿）	占 GDP比重
法　国	54.22	540.44	8 814	94.94	17.6
西　德	61.64	660.39	9 341	169.45	25.7
希　腊	9.79	37.69	3 614	4.41	11.7
印　度	711.66	172.92	219	9.36	5.4
印度尼西亚	153.03	88.46	578	21.15	23.9
伊　朗	40.24	104.06	2 223	19.50	18.7
以色列	4.02	22.98	5 098	5.06	22.0
意大利	56.74	347.36	5 512	72.77	21.0
日　本	118.45	1 060.50	7 677	146.96	13.9
墨西哥	73.01	164.10	3 063	21.12	12.9
荷　兰	14.31	137.03	8 599	65.41	47.7
新西兰	3.16	22.78	6 689	5.28	23.2
尼日利亚	82.39	66.67	804	11.60	17.4
挪　威	4.12	56.18	11 273	17.98	32.0
巴基斯坦	92.45	28.83	312	3.08	10.6
南　非	31.01	70.94	1 885	18.61	26.2
苏　联	269.99	1 500.00a	2 674	86.91	5.8
西班牙	37.94	179.66	4 398	19.73	11.0
瑞　典	8.33	99.11	10 223	27.42	27.7
瑞　士	6.48	96.54	14 093	25.59	26.5
土耳其	46.31	52.77	1 139	5.73	10.9
英　国	56.28	459.70	7 548	91.83	20.0
美　国	232.06	3 025.70	11 695	200.54	6.6
委内瑞拉	14.71	67.86	4 260	15.04	22.2

注：a：估计
资料来源：经济学家信息中心；军事平衡，1984—1985。

对于国际关系专业的学生来说，这些排名和数字相当眼熟。美苏毫无疑问是经济巨人，而日本在国民收入方面紧随苏联之后；中印之所以突出，是因为两国庞大的人口数量。西欧国家不管在绝对财富还是人均财富方面都很靠前;巴西与澳大利亚从不同角度来看像是小巨人一般。

但是说到国家,这项统计表就显得单薄而肤浅了。在表中,单就经济规模来看以色列排名靠后,但是如果以事件影响力来定义国家的话,以色列比表中大多数国家都具有优势。

表 1.1.2　1984 年军事力量

国　家	军队数量（千）	陆　军（千）	主战舰艇	作战飞机	国防预算（百万）
阿根廷	153	100	20	170	1 900
澳大利亚	72	33	19	133	4 945
奥地利	50	45	—	32	767
比利时	94	65	4	147	1 769
巴　西	274	183	24	215	2 000a
加拿大	83	55	23	160	6 443
智　利	96	53	11	102	2 300a
中　国	4 000	3 160	138	5 300	8 200a
丹　麦	31	18	10	96	1 127
埃　及	460	315	22	504	3 043
芬　兰	36	31	2	76	718
法　国	471	305	65	492	16 817
西　德	495	336	44	486	17 396
希　腊	178	135	31	303	2 287
印　度	1 120	960	36	920	5 684
印度尼西亚	281	210	12	83	2 527
伊　朗	555	250	9	95	17 370
以色列	141	104	7	555	5 000a
意大利	375	260	40	300	8 143
日　本	245	155	64	270	11 617
墨西哥	370	344	15	85	582
荷　兰	103	65	28	174	4 227

（续表）

国　家	军队数量 （千）	陆　军 （千）	主战 舰艇	作战 飞机	国防预算 （百万）
新西兰	13	6	4	33	470
尼日利亚	133	120	6	42	1 240
挪　威	37	20	21	114	1 657
巴基斯坦	479	450	19	314	1 873
南　非	83	67	4	304	2 700
苏　联	5 115	1 840	650	3 260	250 000a
西班牙	330	240	35	215	3 350a
瑞　典	66	47	14	410	2 589
瑞　士	20	580（能动员的）	—	310	1 974
土耳其	602	500	31	458	1 635
英　国	326	162	86	620	23 844
美　国	2 136	781	340	3 700	273 400
委内瑞拉	44	27	11	85	1 200a

注：a：估计
主战舰艇包括潜艇和轻型护卫舰，不包含攻击快艇、扫雷艇和两栖舰艇。
资料来源：军事平衡，1984—1985。

　　军力一定程度上也可以用数字来进行分析。表1.1.2所示为上述35个国家几项基本的军力指标。尽管有些粗浅，但却从一定程度上反映了各国的军力状况。两表对比后可以看出，在经济强国与军事强国之间存在着显著的不同。最突出的是埃及与新西兰之间的对比了，两国国内生产总值相差无几，但其军力各项指标相对系数却在5～30之间。还有就是经常被防务评论家们提及的世界前两大经济体美苏与第三大经济体日本之间的对比。仅从数字上来看，美苏无疑是军事上的巨人，手中都有庞大的军队，日本无法与其相提并论，两者相差十倍以上，与其他一些经济实力较弱的国家处在同一层次。

数字上的分析对于衡量一国是否属于中等强国还是很有帮助的。从上述两表中所列国家中,还是存在我们描述的所谓中等强国。还有一些上表未列、实力稍差的个别国家,可能也积极要求加入中等强国的行列,但至少从表面看,它们还不具备这样的资格。不管这是否会让她们感觉受到了侮辱,笔者认为还是将她们归入小国的行列比较合适。当然,表中所列的有些国家在接下来的研究当中也可能进入小国的行列。同时,天平的另一端还有 2 个,也可能是 3 个国家,他们不在我们所说的中等强国行列,而是我们这个时代特有的一种国家:超级大国。

1. 超级大国

历史上从来不缺乏对超级大国特征的讨论,笔者在此也没有什么新观点需要补充。超级大国是这样一些国家,她们有自己的和平与自由需求,而且有能力满足这种需求①。她们是战略柱石,有能力利用自身力量来保护自己的核心利益②。她们是所有外交活动的动力源泉,坚信世界上的所有问题没有她们的参与是无法解决的③。她们是经济巨人,一旦倒下将对世界经济产生灾难性影响④。她们争相充当世界警察的角色⑤,是各

---

① Oscar Handlin, *The History of the United States*. Vol. 2 (Holt, Rinehart & Winston, New York, 1967), p. 655.

② J. R. Hill, 'Maritime Forces for Medium Powers'. *Naval Forces*, Vol. 5 (1984), p. 27.

③ Ashok Kapur, *The Indian Ocean: Regional and International Power Politics* (Praeger, New York, 1982), p. 104; Stephen E. Ambrose, *Rise to Globalism: American Foreign Policy since 1938*, 3rd revised edn (Penguim Books, London, 1983), p. 18.

④ Edward R. Fried in *The Next Phase in US Foreign Policy*, ed. Henry Owen (Brookings, Washington, 1973), pp. 157 - 202.

⑤ Ambrose, *Rise to Globalism*, p. 13.

自所代表的意识形态的领袖①。如果以本书关于"力量"的标准来衡量,她们在三个方面都具备雄厚的实力,这种实力一旦施展,除去她们彼此之外,将无法阻挡。

至于世界上哪些国家能够配得上超级大国的头衔,学术界众说纷纭,莫衷一是。20世纪70年代,巴肯在其关于多极世界的著作中曾把日本称作经济超级大国②。其他一些作家则把像欧共体这样的拥有强大政治经济实力的国家集团称作超级大国。另一方面,还有很多人对苏联在军事以外领域的超级大国地位存在严重质疑。在笔者看来,上述所有观点都是有缺陷的。前两种观点之所以站不住脚,是因为财力很容易被军力或智力所掩盖,而一个很容易就被超越的国家或国家集团则无法赢得超级大国的桂冠。像欧共体这样的非联邦制的国家集团,由于其内部缺乏凝聚力,根本无法像超级大国那样维持政策的统一性③。第三种观点不仅忽略了马克思主义给苏联带来的巨大的智力优势,还低估了苏联真正的经济实力及其对第三世界国家的影响力。

毫无疑问,就本文给出的标准而言,美苏两家都是当之无愧的超级大国,日本以及世界上其他任何国家或国家集团都无法得此名号,不过,这里也存在一个尚有争议的例外。

---

①　C. Bolt, *A History of the USA* (Macmillan, London, 1974), pp. 590 - 595.

②　Alastair Buchan, *Change Without War* (Chatto and Windus, London, 1974), p 21.

③　在烟雾弥漫的房间达成折衷是美国或苏联代表团在任何国际会议上的"路线";这些折衷来之不易,但是却比欧共体代表团会议的结果更有连贯性、更全面。这种看法是基于笔者参加海洋法和军备控制谈判的经历。

这就是中国。作为一个拥有与美国不相上下的国土面积、四倍于美国的人口、无与伦比的悠久的历史文化、全面发展的工业技术、庞大的军力以及其他包括相当规模的核武库在内的一系列力量的国家,中国理应成为超级大国的候选。不过,其所存在的一些问题也不容忽视:中国的人均收入还非常低,这预示着国内问题必然会制约其对外能力的发挥;还没有在其周围建立起一个以她为轴心的同盟体系来支持其力量的施展;其军力,除了核武器以外,还不具备全球投送能力①。因此,这个问题还留有讨论的空间。某些情况下,可以将中国视为一个超级大国;另外一些情况下,则不能。本书中更多地采用了后一种观点。不过,肯定不能将中国划入中等强国的行列了。现在的中国与其数个世纪以来一样,都是自成一派的。

2. 小国

如果说小国处在国家等级最底层的话,那么其最显著的特征就是相对弱小。这种弱小表现在对国家核心利益的维护上,这也是小国与中等强国的分水岭。有鉴于此,一国将自己限制在维护领土完整和政治独立这些最基本的核心利益上,也就说得过去了。关键问题是,一国究竟如何利用资源来维护核心利益。

小国与超级大国、中等强国一样,都有其独特性。她们可能是陆地国家或是海洋国家,也可能海陆兼备;她们的国土或大或小,人口或多或少,经济或发达或正在崛起,国内环境可能稳定也可能动荡。她们在上述各领域的脆弱性使得其无法单纯依靠

---

① Harish Kapur, *The Awakening Giant* (Sijthoff and Noordhoff, Amsterdam, 1981), pp. 286 - 289.

自身力量来维护国家利益,必须获得外部势力的支持或承诺。这里所说的外部势力,按照宪章的说法,自然非联合国莫属。但是,众所周知,该机构的权威只是道义上的,并不像其标榜的那样带有强制性。因此,小国就不得不转向其他国家或国家集团来寻求支持。不过,如果这些小国位置偏远,战略地位无足轻重,经济上又没有什么吸引力的话,她们反倒可以避免外部干涉,维持自己那点宝贵的主权。卢森堡和图瓦卢就是其中的典型代表。

不过,本节研究的所谓"小国",是那些介于小国与中等强国之间的更具影响力的国家。挪威就是其中之一。她有着较为广阔的国土、复杂的地形和独立、勤劳、热爱自由的人民。如果她能综合利用这些战略资源的话,肯定会步入中等强国的行列。然而,由于对周边的现实威胁及其地缘环境有着与众不同的看法,加上历史的原因,挪威选择了一条更具依赖性的道路。她视自身为小国,也就自然成为一个小国。

3. 中等强国

中等强国介于自给自足与对外依赖之间,因此,对比超级大国和小国而言,她在很多问题上不得不多费些思量。

首先,中等强国需要考虑自己的核心利益是什么。在其看来,领土完整与政治独立不可能是核心利益的全部内容,她们会更多关注本章提到的以经济形式或是国际地位及其影响形式存在的核心利益的延伸。其中缘由之一就是她们已经习惯于此。即使某个评论家描述那些发达国家"正在走下坡路",但其对这些发达国家的财富与权力却是早已认同并习以为常了①。另外一个原因则是国土面积和人口因素。在这些方面,中等强国更

① P. Nailor, at a John Bell Systems seminar, 12 February 1985.

像是"正在走上坡路"。她们能够正确看待自身,并认为自身应当掌控财富、发挥影响。与此相关联的还有宿命论,该理论曾支撑过当时尚属中等强国的年轻的美利坚合众国,如今又在支撑着处于重围之中的以色列。在历史、现实和未来的综合作用下,并得到强大的国内民意支持,中等强国对自身独特、多样、广泛的利益需求,是不会轻易放弃的。

其次,中等强国凭借什么来维护自身利益(包括那些利益的延伸)。由于拥有大量的可用资源,中等强国往往认为维护自身利益的主动权必须掌握在自己手里。然而,从现实角度看,这种观点是有局限性的,但中等强国骨子里却认为,她们完全可能突破这些局限,自食其力。

中等强国认为其有足够的实力来掌控自己的命运,同时也认识到自身的这种独特性相当复杂,即使与其最亲密的盟友相比,也有着很大不同。不过,这样就确保一旦发生危机,不会有外部势力以共同利益为借口对其进行干涉。因此,中等强国必然总是"试图在国家控制下创造并保持充足的力量手段,确保其核心利益受到威胁时掌握主动,果断采取并维持强制性行动"。

当然,这句话还需要经过仔细推敲和修改完善,这也是本书后续将要阐述的。在此则需要对其中某些概念进行阐释。

核心利益。如前所述,其不仅限于领土完整和政治独立,还有与国家生存发展密切相关的其他利益。对此必须进行审慎思考,以确保将有限的资源真正用在刀刃上。

力量手段。这里讲的力量手段并非全是军事上的,也包括其他方面的力量手段。不过,军力往往是其他所有力量的后盾。

国家控制。由于中等强国的利益与他国甚至是最亲密的盟友都是不相重合的,因此,她必须能够独立控制局面。这就需要其在联盟之外单独建立一套体制和一支力量,这样她既可以保持行动自由,同时又能在危机状态下掌控本国资源。

捍卫核心利益的主动权必须掌握在中等强国自己手中,绝对不能拱手交给其他国家。但这种权利并非时刻都能取得令人满意的结果——尤其是当其他国家的利益也被牵涉其中的时候。当然,这里的"施压"既有对敌施压也有对友施压,只不过两者存在某些不同而已。

强制性行动。强制性行动作为事件影响力的一部分,是一种最高级别的力量展示,没有它,一国就会发觉之前的所有努力不过是虚张声势。而具备了这种能力,即便不采取实际行动,有时也能促成一个有利于己方的稳定态势。这种态势目前在以力量主导的世界早已成为一种常见现象。均势和威慑就是其众多的主要特征之一。

中等强国概念及其战略举例

法国。目前法国已鲜有往日那种自以为是的夸夸其谈,戴高乐主义影响的消退更加剧了这种情绪的蔓延,法国的战略也成了遵守上述原则的典范。怀着自力更生的决心,法国毅然脱离了北约,与此同时,她不顾庞大的开支,继续实施其独立的核计划。法国深知自己离不开西方盟友,但同时很多法国战略学者又担心所参加的同盟体系是否能够完全代表法国的利益,他们对法国应该做好何种准备有着独到的观点[1]。首先是扼制。即利用包括核武器在内的一切手段扼制对法国本土的任何攻击

---

[1] 参见 *La Sécurité de L'Europe dans les années 80*,ed. Pierre Lellouche(Instiut Français des Relations Internationales,1980), particularly J. M. Daillet at p. 353 and M. Aurillac at p. 361.

企图。其次是行动。采取有效措施应对像 80 年代中期在乍得那样规模较小，但距离较远的突发事件①。基于此，法国的武装力量也进行了改组。1984 年法国宣布建立了一支 4.7 万人的快速反应部队，以使其能够执行更加灵活多样的军事任务②。这些仅仅是对法国军力的一种描述。与此同时，法国还拥有强大的经济实力，能够提供包括军工产品在内的一系列商品。而在智力方面，法国有着广泛使用的语言、优秀的文化和法律遗产以及丰富的外交经验。

印度。作为最大的前殖民地国家和发展中大国，印度一直以来都把自己当作同类国家的领军者和所在区域的一支举足轻重的力量。许多印度学者称其为一个中等强国③。印度奉行不结盟政策，但为了维持其利益区域内的战略均势，她又积极同包括最强大国家在内的世界各国建立协作关系。对此，艾什克·卡普尔曾指出：中等强国与超级大国之间的交流互动，首先也是最主要的就是较弱一国针对强国插手其国家事务进行的研究④。在过去的 15 年中，对印度的干预一直来自苏联，其内容基本上都是军事领域的。主要原因有两条：一是美英两国 60 年代初期对印度武器需求的拒绝⑤；二是 70 年代末期以来印度

① Aurillac, *La Sécurité de L'Europe dans les années 80*, p. 361; conversations with Admirals Duval and Sevaistre, September 1984.

② *Le Monde*, 9 May 1984.

③ 参见 P. K. S. Namboodiri, J. P. Anand and Sreedhar, in *Intervention in the Indian Ocean* (ABC Publishing House, New Delhi, 1982); Ashok Kapur, *The Indian Ocean*. The perception is also confirmed by Vice Admiral M. P. Awati in correspondence with the auther.

④ Ashok Kapur, *The Indian Ocean*, p. 37.

⑤ Joel Larus, 'India: The Neglected Service Faces the Future', *United States Naval Institute Proceedings*, March 1981, p. 78.

一直视美国为印度洋地区最大的霸权威胁①。不过,印度也意识到以一己之力很难与一个超级大国相抗衡,但是"必须具备强大的决心以确保有效扼制任何好战国家的敌对企图"②。针对区域内国家,印度认为必须具备依靠自身力量实现战略目标的能力③。

日本。1946 年以来,日本的战略一直强调自卫是建立武装力量的唯一理由。然而在日本国内,自卫队的合法性却经常受到质疑。不过,70 年代后期以来,日本许多国防规划中都明确表述了自卫队体制的战略基础。根据最近出台的国防政策,日本的目标是维持对小规模、有限入侵的监视与反击能力,一旦战事升级,则开放本国基地设施争取美国的支援④,核威慑力量则完全由美国人掌握。除了严格的所谓"专属防卫"之外,日本刻意淡化其军力,甚至其国内很多评论家都对重视军力的人嗤之以鼻⑤。日本在经济领域如鱼得水、游刃有余,但却无视其在其他领域的弱点。但日本国内也有声音呼吁国家采取举措,加强自主防卫能力⑥。

---

① Namboodiri, Anand and Sreedhar, *Intervention in the Indian Ocean*, pp. 129‐130.

② Admiral S. N. Kohli, Lecture to Indian Staff College, 1979.

③ Admiral S. N. Kohli, *Sea Power and the Indian Ocean* (Tata-McGraw Hill, New York, 1978), p. 91.

④ J. W. M. Chapman, R. Drifte and I. T. M. Gow, *Japan's Quest for Comprehensive Security* (Frances Pinter, London, 1983), pp. 53, 65‐70.

⑤ Shimpei Fujimaki, 'Japan in the Eastern Sea', Lecture at the Ninth Greenwich Forum, September 1983.

⑥ I. P. S. G. Cosby, 'Self-Defence as a Basic for Maritime Forces', Second Gosport Seminar on Medium Maritime Power, July 1982,未公开记录。

巴西。整个 50—60 年代,巴西在国际事务中还藏在美国身后,但是到了 70 年代,她就逐渐崭露头角并开始在国际舞台上频频露面,在本书所列的各国中也许是最早的①。尽管受到通货膨胀的影响,巴西的工业依然实现了较快增长。在美洲国家组织和海洋法会议等国际组织中,巴西也一直奉行独立自主的政策,其主要战略目标之一,就是要力避卷入一场有美国参与的冲突②。但是,巴西的军力在这一时期并没有多大改变,其武器装备方面的支出甚至比日本还少③。巴西国内尚未出版过有关的战略著作,其目前在军事上的考虑,主要是想利用陆海力量保卫边疆和维持国内安全,到目前为止最多也不过是和法国打了一场"龙虾"战争④。不过,从本书后续章节可以看出,这种状况正在发生改变。

澳大利亚。与其他两党制民主国家一样,澳大利亚的战略和政策也是嬗变的。从二战结束直至 20 世纪 70 年代后期,澳大利亚的战略除了应对小规模区域进攻之外,一直都建立在严重依赖美国的基础上。由于国土面积广大、距离其他大陆较远

---

① 这种预测在 20 世纪 70 年代非常普遍,时常很极端,因此很难举例说明,但可以参考 Buchan, *Change Without War*; Henry Owen, *The Next Phase in Foreign Policy*, pp. 1 - 8; A Doak Barnett, Uncertain Passage (Brookings, Washington, 1973), pp. 243 - 315; George Liska, *Alliances and the Third World* (John Hopkins University Press, Baltimore, 1967), p.8.

② Domingos P. C. Ferreira, *The Navy of Brazil: an Emerging Power at Sea* (National Defense University, Washington, 1983), p.40.

③ *The Military Balance*, 1983—1984 (International Institute for Strategic Studies, London), p.127.

④ James Cable, *Gunboat Diplomacy*, 2nd edn (Macmillan, London, 1981), p.119.

以及邻国弱小等因素,澳大利亚完全可以采取一种"无威胁"战略,但也要求其必须建立一支精干灵活的武装力量,以在紧张局势升级或是面临威胁时能够有效应对。当然,如发生大规模危机还需依靠美国的力量[1]。到了 1980 年前后,这种观点发生了明显改变,澳大利亚人开始寻求更多、更直接的自主能力,"在保卫澳大利亚主权和利益的行动中,改变以往的习惯性做法,提高接受外国援助的门槛"[2],虽然准备应对威胁的思想自然存在[3]。

由此判断霍克政府[4]将在其国防政策上对这种观点作出何种修正还为时过早。当然,澳大利亚也不可能把财力或智力当作自己的关键力量杠杆。另一方面,对她来说,单纯的地缘因素就是很有用的工具,如果偶尔在较远的地方建立据点的话,这种地缘优势反而会成为她的弱点。

以色列。战后世界上最独特、最有战略故事可讲的国家或许就是以色列。其中大部分就是本书前面所讲的智力因素,也就是犹太复国主义,一种给予一个仅有 300 万人口、被 20 倍于己的敌人包围的国家以巨大的士气和能量,使其在西方拥有强大的影响力和广泛的支持。这些为以色列赢得的不仅仅是美

---

[1] Australian Defence White Paper, 1979.

[2] D. J. Killen in R. O'Neil and D. M. Hornerceds, *Australian Defence Policy for the 1980s* (University of Queensland Press, Queensland, 1982), p.23.

[3] 同上,p.31.

[4] 霍克(1929—),澳大利亚总理。1983 年 3 月出任总理后,针对 1983 年澳大利亚经济陷入 30 多年来最严重的衰退,提出 3 年经济方案,签署了兼顾政府、企业主和工人三方利益的物价与工资协议,很快澳大利亚的经济出现重大转机。对外政策方面,把维护本国安全与利益和谋求良好世界秩序作为澳大利亚的两大目标。1991 年 12 月卸任。——译者注

慕,还有实实在在的承诺,其中最重要的支持来自美国。而且对以色列生存的承诺实际上是无条件的,可使以色列安心制定实施自己的动态战略①,毫无顾忌地购买先进武器装备而无需担心经济承受能力,发起先发制人的行动而不必担心公共舆论压力,随意扩大自己的陆地边界而不必尊重已划定的界线。以色列在战略行动中有着高度的自主性②。而且,也没有国家在日常行动中会掺杂如此复杂的战略因素③。不过,这一切都得益于美国高度的承诺④。

英国。单单看英国的国防政策,就不会把她归入中等强国的行列。英国的防务评估报告以及其他国防白皮书都坚持北约优先,英国防务从属于北约的条约和主张——这就表明英国已经把自己当作一个小国了⑤。这些文件拒绝对英国的核心利益和潜力进行任何评估,这似乎更加印证了上述观点的正确性。然而,英国实际的所作所为与其宣称的有很大出入:1982年,她在距离本土基地8 000英里、距离北约最近的基地5 000英里外的地方,打了一场只有中等强国才可能去打的战争。英国已经在很多地方与其盟友公开发生冲突⑥。为了支持国家利益的拓展,英国已经开始在远离欧洲且尚无冲突的地区部署陆海空军

---

① 比较 Henry Kissinger,1970:'The United States is committed to defend Israel's exitence, but not its conquests'. 引自 Ambrose, *Rise to Globalism*, p. 341.

② N. Safran, *Israel — The Embrattled Ally* (Belknap Press, Harvard, 1978), p. 483.

③ 同上,p. 230.

④ Liska, *Alliances*, p. 40.

⑤ Notably Cmnd. 8288, *Defence — The Way Forward* (HMSO, London, 1981).

⑥ 三次针对冰岛的"鳟鱼战争":1958;1972;1975.

力量,①她还怀有强烈的战略意愿在很多地区大力发展经济。英国的国防政策到底是什么？英国到底有没有自己的战略？这些问题还存在很多争议,本书期待能在一定程度上对此提供一些帮助。

寻找关键词

作为学术工具,例证与总结总是充满各种各样的陷阱与风险：容易把有待证实的假设当作已经成立的事实以致误入歧途,到头来弄得不伦不类。而关键词又是更加危险的,是总结过往的试金石。然而,笔者还是禁不住要试着去寻找一个既能够总结前面所述中等强国的性质和基本战略,又不增加新的风险的关键词。

大家很清楚,国土面积、人口以及财富水平都是评价一个中等强国的参数指标。不过,从以色列的例子可以看出,有时候这些门槛限制是非常低的。挪威与荷兰在很多方面都比以色列更具优势,但却不能将她们视为中等强国。当然,如果其适当调整战略需求与力量结构,是可以跻身中等强国之列的,但是她们却没有这么做。

因此,具备了诸如领土、人口以及工业发展这些最基本的资源潜力后,一个国家能否成为中等强国还需要自身观念的支撑。前面所讲的独立性还不足以说明这种观念,因为即使最小的国家也对其独立问题高度重视,尽管她们的这种独立不得不依赖大国的恩赐或是承诺。中等强国则与之不同,虽然一旦发生危

---

① 例如,1970—1975 年在阿曼,1980—1985 年在霍尔木兹海峡,1977—1982 年在伯利兹。这些部署在政府文件中说明得很详细,但并不能解释上述矛盾。

机,有关国家或组织迟早要介入对其进行援助,中等强国更希望具备自身作为一个实体存在所需的必要能力,这是其采取行动的主要原动力。

在此需要概括指出的是有关自我运行与自我控制这一概念。希腊人没有为此创造一个专门的词汇,而与之最相近的"自动"一词,在其英语化过程中则在机械领域滥用开来。因此,有必要将目光转向另外一个相关词汇,它也源于希腊语,在一般的英语用法中多少也遭到一些曲解,就是"自主权"这个词。在接下来的章节中,笔者将使用"自主权"一词对中等强国的战略目标及意愿进行简单描述。这里有必要引用几句包含这个词的名言,来看看这些话是否适应"中等强国"这一逐渐流行的概念。

阿拉斯太尔·巴肯在其 70 年代初期的著作(尤其是 1973 年的里斯讲座)①中说过这么一句话:印度、印度尼西亚、澳大利亚、伊朗及海湾诸国,这些处在中等强国位置的区域大国,其影响力和自主权在不断扩大,其利益范围也在不断变化②。在这里巴肯用"自主权"这个词所要表达的就是上文阐述的意思。

此外,在多极世界这个问题上,巴肯的观点相对于之前或后来的观点看起来要更加清楚、准确、温和。有些人曾将小国或是中等国家集团看作世界发展的推动力量。里斯卡曾在 1967 年写道:在区域性次级体系中……各个国家必须具备以集团形式行使外交自主权的能力③。艾什克·卡普尔 1982 年提到印度

---

① Buchan, *Change Without War*, p.21.
② 同上,p.21.
③ Liska, *Alliances*, p.44.

洋区域时曾称其为"自主的区域力量中心"①。然而,目前来看,这些集团或是区域力量中心尚未拥有足够的战略自主权,仅能在一个低层次上维持其战略的连续性。东盟内部一直不愿谈论战略问题,恰好说明了这一点②。

还是卡普尔的话一针见血:如果一个中等强国能够从大国那里为自己争得一点自主权,那么获得自主权比在国际舞台上获得一个中等强国的位置更实惠吗③?

在笔者看来,答案是肯定的。那么中等强国究竟是如何意识到其需求,尤其是海洋战略方面的需求呢?这将是本书后续章节将要分析的问题。为了节省时间,在此不再作进一步的总结概括,只说一句——中等强国战略思想最显著的方面就是自主权。

---

① A. Kapur, *The Indian Ocean*, p. xiv.

② A. Brionowski (ed.), *Understanding ASEAN* (Macmillan, London, 1982), pp. 17, 46, 179; Sqn Leader J. Clementson, 'No More Dominoes: ASEAN and Regional Security', RUSI, *Journal*, December 1984, p. 36.

③ A. Kapur, *The Indian Ocean*, p. 33.

二、海 上 力 量

    大多数国家都要利用海洋。联合国 150 个成员国①只有不到 30 个国家是内陆国(瑞士也是一个内陆国,只不过她不是联合国成员②)。任何一个沿海国家都不会对海洋视而不见,每一个沿海国家都在利用海洋从事着各种各样的活动。因此,如果说力量就是影响事件能力的话,那么所有沿海国家都具有一定的海上力量③。

海上力量的构成

1. 贸易与通道

马汉(Mahan Alfred Thayer)④将海洋称作"伟大的共同财

---

    ① 截至 2012 年末,联合国共有 193 个成员国,2 个观察员国(梵蒂冈和巴勒斯坦)。——译者注

    ② 瑞士于 2002 年 9 月成为联合国第 190 个会员国。——译者注

    ③ 此章倾向于用"maritime power"而非"sea power",因为后者常被赋予战略部署甚至战争的含义,所以当讨论整体力量平衡、易受攻击性以及战略的时候,用它并不合适。见 Geoffrey Till, *Martime Strategy and the Nuclear Age*, 2nd edn (Macmillian, London, 1984), p.16.

    ④ 阿尔弗雷德·塞耶·马汉(Mahan Alfred Thayer, 1840—1914),美国海军理论家,海军历史学家。1859 年毕业于美国安纳波利斯海军学校。曾参加美国内战。1886—1889 年、1892—1893 年,两度任海军学院院长。1893—1895 年,任芝加哥号巡洋舰舰长。1896 年退役。马汉是海权论(海上实力论)的创立者。毕生从事海军和致力于海军理论著述,有著作 20 部。其中《海权对历史的影响,1660—1783》和《海权对法国大革命和帝国的影响,1793—1812》确立了他的海权论,使他闻名于世。以后的《纳尔逊传》和《海军战略》等书,也是他阐述海权论的重要著作。——译者注

产",也许这正是罗辛斯基称赞其为极具先见之明的思想家的原因之一①。当然,马汉的海洋学说包含了许多观点,这些观点都与海上力量的主要构成要素有关,即:贸易与通道。它包括了其他国家管辖范围外的地方,或许这些地方从没有人涉足,或许是可以合法使用的,有些地方可能还会被武装分子所控制。它可以给使用者带来财富、影响力和满足感,如若不能,绝对不会有人冒险到此。

未来马汉的这个比喻就不会像他写《海权论》的时候那么贴切了,即使是在当时,他的这个比喻也不如一百年前更切合实际。一个国家海上贸易和海外市场的繁荣程度以及对海洋运输的掌控能力对一国的经济力量影响巨大。在此我们还很难得到精确数据,但仅仅分析公开数据就可以看出,世界经济前 30 强中的大部分国家,海上贸易出口额均超过了其国民收入的 10%(见表 1.2.1),这本身就是对国家经济的一大贡献。作为国内经济力量的引擎和现代化发展的催化剂,海上贸易的地位越来越重要。

表 1.2.1　海上贸易出口额占国内生产总值比重统计(1981 年)

20%以上:	以色列	荷 兰	新西兰	挪 威	尼日利亚	瑞 典
	英 国	委内瑞拉				
10%~20%:	阿根廷	澳大利亚	加拿大	智 利	埃 及	法 国
	西 德	伊 朗	意大利	日 本	南 非	
10%以下:	巴 西	印 度	墨西哥	西班牙	美 国	苏 联

在经典作家看来,一支悬挂着本国国旗、为本国所有,由本国公民驾驶的商船队是一国海上力量必不可少的组成部分。它

---

① Herbert Rosinski, 'Mahan and World War II' in *The Development of Naval Thought* (Naval War College Press, Newport, 1977), p.21.

能使一国保持贸易的连续性,赚取外汇,创造财富和就业机会,还能培养一支训练有素的海员队伍。所有这些在国家面临危机的时候都是非常有用的,战时有些国家甚至会征召商船进行海上作战或执行辅助任务①。

但是,最近50年来,上述观点无论是在论辩中还是在实际操作层面,都一直面临着各种挑战。许多发达国家的政府已经默许其海上商船力量灾难性的削减。1975年,英国海上商船队尚有1 600艘可以进行远洋航行的船舶,而到90年代初期这一数字可能下降至不到300艘②。发生这种情况也不意外,因为商船的运营非常复杂,受市场和国内立法的影响大,运费水平、竞争程度、海员薪金、服务状况和操作水平以及税收政策都会影响到其生存。至于英国等一些国家为什么会允许这种情况发生,那就是另外一个问题了。

在英国,这种论调之所以能够被大肆宣传,也许是因为官方没有人认为这是个明智之举,理由可能主要有以下几点:一是国际航运运力过剩;二是在运力过剩之下,由于市场的调节作用导致海上运输费率的下降;三是有大量的外国船舶可供租用,额外雇用本国船只只会增加运营成本及税收负担,进而影响到其他产业的发展;四是随时都有一支颇具规模的、归英国所有的、挂方便旗的船队可供使用;五是紧急情况下一国对水手和船舶

---

① A. T. Mahan, *The Influence of Sea Power upon History* (Little, Brown, Boston, 1890), p. 23; Lord Haversham's dictum, quoted in Till, *Maritime Strategy and the Nuclear Age*, p. 76; memorandum to the Defence Committee of the House of Commons by the British Maritime League, 28 January 1985.

② Admiral Sir Anthony Griffin, at a reception for the British Maritime Charitable Foundation, 15 November 1984.

的需求有所夸大,实际上不可能如此①。

　　这种情绪和状况看上去仅在西方发达国家存在,其他国家都把一支颇具规模的、欣欣向荣的商船队当作宝贝一样看待②。发展中国家对《联合国贸易与发展会议班轮守则》③都给予了高度重视,该守则原则上规定由班轮公会承运的两国进出口货物中,进口国可以承运 40%,出口国也可以承运 40%,余下的20%由第三国船运公司承运。当然,这可能源自发展中国家对自己此前过分依赖发达国家的憎恨,而不是冷静的经济战略思考。但是,一项源自非理性的憎恨情绪的行动怎么会如此广泛,表述如此明确呢? 因此,认为一支相当规模的商船队是国家经济力量的基础这一传统观点还是得到了普遍认同,还是有其正确性的。

　　在这一观点的支配下,大多数国家都想方设法通过补贴、限制外国船舶以及其他优惠的财政手段来支持本国商船队的发展。而那些看重使用方便旗船的国家则采取了不同的形式(也

---

　　① British Maritime League：Report of a Conference on 21 June 1984，in rebuttal.

　　② Lawrence O. F. Bereiweriso, ' New Maritime Policy and its Effect on Nigeria', *Seaways*, March 1985, pp. 12 - 13.

　　③ 1972 年,发展中国家为了反对发达国家通过班轮公会垄断航运,以发展自己的商船队,在第三届联合国贸易和发展会议上,提出了《班轮公会行动守则》草案。经过两年艰苦斗争,1974 年 4 月 6 日在日内瓦召开的联合国班轮公会行动守则会议上,通过了《班轮公会行动守则公约》。公约自 1983 年 10 月 6 日生效。截至 1984 年 8 月 31 日,共有 59 个缔约国。中国政府为了支持发展中国家在航运领域里争取建立国际新的经济秩序的斗争,于 1980 年 9 月 23 日加入公约,并作了如下保留声明:“中华人民共和国与其他国家之间,经过协商,在合适的基础上建立的联合航线,与班轮公会的性质完全不同,不适用《班轮公会行动守则公约》的各项规定”。——译者注

就是现在所称的"公开登记"制度），在船员与设备上设定了较低的标准，给了船主们一个削减成本的机会①。一般来说，不管是新兴发展中国家还是实行"公开登记"制度的国家在这方面都比发达国家要轻松许多，实施上述这些措施几乎不会有什么损失。

然而，一支远洋商船队在展示海上力量的同时也暴露了其在海洋上的脆弱性。拥有这样一支力量确实会带来很多好处，可以赚取外汇、降低对别国的依赖、提高航运能力和应对紧急状态。但是对国内而言也可能无利可图，而且会消耗大量国内资源，经济回报慢，还有可能成为敌对势力攻击的目标。因此，单单从经济上讲，船队规模、船队结构及运营都会成为任何一个对海上力量感兴趣的国家研究的对象。

沿海航运权，也就是在领海内利用船舶进行货物运输，属于一国国内的经济行为，和平时期它对国家力量的影响是间接的；如果沿海运力充足，就有可能匀出部分资源用于对外的力量输出。而一旦发生冲突，它又变得非常脆弱，有些国家可能会对此非常敏感。

开拓海外市场是海上力量的又一个重要方面。显然，它也是多种因素的综合体，其中包括轻松的语言交流；出口货物的价格与质量；宽松的海关、卫生政策以及贸易活动的效益等。在现有的商业航运模式下，各国的航运能力是开拓市场的有力支撑。随着各种专业化海运手段（集装箱船、滚装船、驳船以及大型散装货船等）的不断应用，其对于特定市场的局限性也将逐渐显现。

---

① B. A. Boczek, *Flags of Convenience* (Harvard University Press, Harvard, 1962), p. 94.

2. 造船能力

造船工业水平以往都被认为是国家海上力量不可缺少的一部分。独立建造军用或民用船舶的能力在和平时期可以带来财富，战时又会成为一种必备的战略资源。在过去的 20 年中，世界造船业模式发生了急剧变化，船舶采购上也出现了很大的灵活性。各国包括中等强国都一改 1950 年前的态度，开始接受一定程度的对外依赖，随之而来的就是其自身造船工业灾难性的倒退。这些变化肯定会带来某种脆弱性，但是在现代经济与作战环境下，这种脆弱性也许会比 30 年代要弱一些，因为那时连英国舰船的舷部装甲都依赖海外采购。

3. 自然资源勘探开发

瓦戴曾暴跳如雷地说过："谁能怀疑巴林和锡兰的采珠业会依法纳入这些国家的主权范围呢?[①]"对海洋及海底资源的开发在经历了几千年之后，逐渐催生了一种资源开采权益归沿岸国家享有的观点，并得到了国际法的认同。接下来的章节会涉及其中一些具体规定，这里我们暂且把这种开发作为海上力量的一个方面进行研究。

海洋中可开发的资源分为生物资源和非生物资源，有时又可分为可再生资源和不可再生资源，前一种分类是目前比较常用的。不管是生物资源还是非生物资源都会在一定程度上有效增强一国的经济实力。历史上的冰岛和 60 年代的秘鲁，国内生产总值一半以上都来自沿海渔业开发。在日本，人体所需蛋白质有四分之一来自于鱼类。无论是过去还是现

---

① 引自 C. John Colombos, *International Law of the Sea*, 6th edn (Longmans, London, 1967), p.404.

在,很多国家的渔业资源都极大地支持了国内经济和对外贸易的发展①。

海洋非生物资源的开发起步较晚,但目前却也是许多国家经济的重要组成部分。其中海上石油开采就是一个典型的例子。目前,世界石油产量的四分之一以上是通过海上石油平台开采的②。天然气也是一样,沿海沙砾资源开发也有非常重要的经济意义。此外,还有磷矿石、稀有金属以及宝石的开采。未来还可能发现深海中的某些资源,像含金属的泥浆和盐水等,当然还有静静躺在深海海床上的一种网球大小的金属物质团,即著名而又非常神秘的锰结核③。

资源开发能力从根本上讲是经济领域的问题,不过也离不开其他力量的支持。首先,随着资源开发难度的加大,越来越需要有一个先进的技术基础。智力在一国资源开发中的分量是举足轻重的,如果一国不具备必要的技术水平,她就不得不求助于那些掌握先进技术的国家或组织,或放弃继续开发。其次,某些由资源归属权引发的争端,又需要通过法律或外交途径这些智力手段,甚至是军事手段进行解决。对海洋资源及相关机构的保护还需要借助警察手段,其最后的选择就是武力。

4. 海上军事力量

从古至今海上军事力量一直都存在,问题的关键在于这种

---

① *The Times Atlas of the Oceans* (Times Books, London, 1983), p. 84.

② Peter Odell, 'Offshore Resourse: Oil and Gas' in *The Maritime Dimension*, ed, R. P. Barston and Partricia Birnie (George Allen and Unwin, London, 1980), pp. 76 - 107.

③ *The Times Atlas of the Oceans*, pp. 104 - 117.

力量是否有用? 对于中等强国而言它又是如何发挥作用的? 这就是本书要讨论的问题。

毫无疑问,关于海权问题的讨论早在马汉之前就已经开始了,而马汉却是对这一问题进行明确表述的第一人。在其之后就是一串 C 字派学者:科贝特(Corbett)、卡斯特(Curster)、卡思坦斯(Custance)、科洛姆(Colomb)。他们的思想有两个共同点:一是热衷于战争,二是倾向于统治。在他们的理论中充斥着以下观点:提倡夺取制海权;强调海上决战的重要性;重视全面封锁的效益;认为针对敌方海上贸易的海上破袭战是一种无力之举等。这些思想在两次世界大战之间不断得到完善和发展。

在此背景下,一种极端观点应运而生:如果某一个海洋国家在战争中不能面面俱到,那她将一无是处。这种理论进而催生出一种相对中庸一些的观点:二流海上强国终将无所作为①。

与此同时,还有学者提出这样一种观点:由于现代武器系统的多样化及其性能的提升,经典作家所设想的对海洋的支配和统治是无法达成的。这些学者大都将各类海上军事力量当作独立却又相互关联的功能体系进行分析②。他们最终得出结

---

① Paul M. Kennedy, *The Rise and Fall of British Naval Mastery* (Allen Lane, London, 1976), p. 337; Julian Lider, *Millitary Thought of a Medium Power* (Institute of International Affairs, Stockholm, 1983), pp. 166 - 167. 毫无疑问,阐发他们的论点时,我使用的措辞比他们本人更为极端。

② K. Booth, *Navies and Foreign Policy* (Croom Helm, London, 1977); E. Luttwak, *The Political Uses of Sea Power* (Johns Hopkins University Press, Baltimore 1974); Stansfield Turner, 'Misson of the US Navy' (*US Naval War College Review*, March 1974).

论,对于军事力量的操控能力在实践中是有实用价值的,并且补充说(这是最重要的一点,往往也是毋庸置疑的),当这种能力以一种威慑的状态存在于幕后时,其实用性会更大。

军事力量的功能之一就是保护前文所述的那些极易受到威胁和攻击的海上经济力量。一个国家,尤其是中等强国如何做到这一点呢?这个问题将会在接下来的章节提及。不管那些旨在保护沿海资源及其开发者的行动代价如何高昂,从本质上讲都不复杂。但是保卫、开拓贸易与海上通道却是一个融合了军事和其他因素且彼此之间相互作用的过程。

不过,除了保卫贸易和资源,海上军事力量还有其他功用。这些功用从广义上讲都是政治性的,都涉及维持或加强一国在世界上的地位(用霍华德的话讲就是:那些爆发战争或是各种类型冲突的国家都是"为了维持其力量的存在")。这些行动实施起来有多种样式,从领海宣示主权到全球投放战力,从在突出部部署小型舰艇到利用弹道导弹核潜艇部署战略核武器再到为盟国提供支援等,都属于这个范畴。提供部队对盟国进行支援可以在和平时期或存在和平可能的时期进行,这样就可慑止敌国潜在的不良企图;也可用于局势紧张或危机时刻,甚至是战争时期①,其具体行动样式非常复杂,后续章节将要讲述这方面内容。总之,军事力量是世界海上力量构成当中一个非常重要、非常有效的因素。

---

① J. Cable, *Gunboat Diplomacy* (Macmillan, London, 1981), pp. 195 - 258,一张表格详细列出了 1945 年到 1979 年之间发生的 130 多组事件。

海洋法

不论是与经济有关的海上力量,还是与军事有关的海上力量,都要受到国际法的影响和制约。如果国际法涵盖内容全面,各国一致遵守的话,海上力量就会完全置于法律的管辖之下,军事因素的作用就会大大减弱。遗憾的是,不管法律条文本身还是各国的遵守情况,都不足以实现它的这种管辖。

国际海洋法的发展史,就是一部沿海国家与其他海洋用户之间不断调整海洋管辖权益的定义与分配的历史,期间充满了各种难以逾越的障碍,复杂的地理因素就是其中之一。当我们俯瞰海图时,"大自然中的所有界线都不是笔直的"这句话显得贴切无比。或许海洋中也存在着某些天然界限,只是人类无法像鱼儿那样去感知。技术的进步又是另外一个因素。有些法律法规在漂网渔船时代还行得通,但到了装备有声纳系统的围网渔船时代就显得不合时宜了。还有就是观念的冲突。这其中不仅有格劳秀斯的追随者(主张"公海自由航行")与塞尔登的追随者(主张封闭海洋,海洋权益归沿海国家专有)之间的理论之争,更有错综复杂的实际利益冲突,随着新兴国家的崛起及其对现有秩序的挑战,这种冲突将愈演愈烈。

1945 年以来,沿海国的海域管辖权与沿岸海区资源权益持续扩大,具体表现为:大陆架边缘地带海床和底土资源主权原则的快速演变;国际社会对沿海国沿岸渔场特殊权益以及某些因时效而获得的权利的承认;大多数沿海国开始突破以往达成的 3 海里领海宽度的共识,积极向外拓展领海边界;沿海和群岛水域通行权面临的来自外国军舰的挑战;沿海国针对船源污染①开始进

---

① 船源污染是指"船舶逸漏排放污染物于海洋,产生损害海洋生物资源、危害人体健康、妨碍渔业和其他海上经济活动、损害海水使用质量、破坏海洋环境和海洋生态系统平衡等有害影响"。——译者注

行大范围的单边立法限制等。

因此,从这个意义上讲,马汉所谓的"伟大的共同财产"正在被慢慢分割,即使事实上的分割尚未到来,理论上的分割已经上演了①。只不过,事实与理论之间还是有着很大区别。目前,沿海国某些比较极端的管辖要求还难以付诸实践,这就意味着其他大多数海洋用户还可能有机会来宣示自己的权利,事实上他们也是这么做的②。此举的价值比当时一些评论家预想的还要大,在经历了 8 年漫长的谈判之后,第三届联合国海洋法会议终于制定了《国际海洋法公约》,而 1982 年 12 月该公约在蒙特哥湾开放签字的时候,绝对是充分考虑了主要海洋国家的利益需求的③。

该公约包含了超过 300 条法律条文,其中有些条文既冗长又复杂,很难用一两段话将其概括出来。对沿海国来说,其主要内容包括:一是 12 海里的领海宽度;二是从领海基线算起 200 海里的专属经济区范围;三是在以上范围之外的大陆边缘进行开采与勘探活动的权利。沿海国对其领海享有主权,对其专属经济区享有资源开发与环境保护的权利。当然,沿海国的这些管辖权以及相关权利与其他海洋用户的权利是相协调的,其中包括:沿海国不得阻碍其他国家在其领海的无害通过;在专属经济区,除了为油气设施划定的安全区域外,各国享有航行与飞越自由以及公海上的自由航行、飞越及捕捞权利。那些没有公海航道但却用于国

---

① Elizabeth Young, ' New Law for Old Navies ', *Survival*, November/December 1974, pp. 262 - 267; and J. R. Hill, 'Maritime Power and the Law of the Sea', *Survival*, March/April 1975, pp. 69 - 72.

② Cable, *Gunboat Diplomacy*, pp. 195 - 258, Also Till, *Maritime Strategy and the Nuclear Age*, p. 208.

③ Cable, *Gunboat Diplomacy*, p. 224.

际航行的海峡实行过境通行制度,这种制度比无害通过制度更为自由,因为其不能暂停而且允许飞越和潜艇在潜航状态下通过。

　　所有这些条款对参加会议的国家来说即使不是很受欢迎,但也是可以接受的。60年代后期,联合国大会曾把深海海床称为"全人类共同的遗产"①。不过,一项旨在将国家管辖之外、占全球海底3/5至4/5的深海海床的资源开发交由国际海底管理局统一管理的提议,却令有些国家不能接受,其中就包括当时的美国政府及其几个亲密盟友②。对中等强国来说,分析一下谁干了什么,谁又为什么这么干③,确实是对其洞察力的一次考验,不过这些都是属于博士论文需要研究的东西,本章不再赘述。

　　1982年部分国家未签署《联合国海洋法公约》,无疑为后来的争议甚至是冲突埋下了隐患。事实上,这个公约布满了冲突的种子,而其中很多与美国的拒绝签署并没有什么关系。另外,这份公约极其冗长而又含混不清,各国都根据自身利益需要来对其进行解读。历史上贯穿于有关海洋事务的唇枪舌剑,在经历了几十年的发展之后,根本不可能因为这一纸规定而停息。相反,这些规定为进一步争论提供了更多论据。争论的根源无非就是贸易、资源、战略地位这些海上力量的组成因素。不过,

---

　　①　UN General Assembly Resolution 2574c (XXIV), 15 December 1969, later incorporated in the Law of the Sea Convention, Art. 136.

　　②　Bernard H. Oxman 总结了美国的反对意见,参见'The Third UN Conference on the Law of the Sea: The Tenth Session (1981)', *American Journal of International Law*, Vol. 76 (1982), pp. 9 - 10. 另一种相反的意见,参见 Elliot L. Richardson, 'The Case for the Convention — An American View', paper given at the Ninth Greenwich Forum, September 1983.

　　③　Tullio Treves, 'The UNLOS Convention of 1982: Prospects for Europe', paper given at the Ninth Greenwich Forum, September 1983.

争论的焦点却是海洋法自身。①

海上军事力量的运用很大程度上也要受到法律的影响，这不仅由于它根源于法律上的争议，其本身也受到国际法中关于武装冲突和武力使用等条款的制约。

从 1928 年的《凯洛格—白里安公约》②到联合国宪章都有这样一个基本观点：发动战争或使用武力都不是一个好的选择，只有在需要奋起自卫等特殊情况下才具有合理性。③ 任何一个国家或指挥官在计划实施军事行动时都会感受到这种观念的制约，而且其也直接反映在众所周知的交战规则中。④ 具体规则会随着风险、冲突等级、国际国内舆论、相关法律规定等因素的变化而不断变化。每时每地对暴力手段的容忍程度都是不同的。⑤ 不过，一

---

① Buzan 在 *A Sea of Troubles*？一书中明确了近 50 个世界范围内的具体争端及若干一般性原则问题。该原则若应用于具体案例，可能导致冲突。自从 1982 年签署公约以来，尚无普遍解决争端的迹象。

② 1928 年 8 月 27 日，美国、法国、英国、德国及其他 11 个国家在巴黎签订《凯洛格—白里安公约》，宣告战争非法化。《凯洛格—白里安公约》的签字仪式非常简单。外交官们不许在法国外交部发表讲话，因此大多数外交官感到不自在，签约仪式的图像和声音被录在胶片上，而这种做法有史以来还是第一次。不止一个外交官觉得不让世界各国对此发表意见是不公平的。——译者注

③ I. Brownlie, *International Law and the Use of Force by States* (Oxford University Press, Oxford, 1963), p. 75; D. W. Bowett, *Self-Defence in International Law* (Manchester University Press, Manchester, 1958), p. 135.

④ 详细的讨论，参见第二部分低强度作战。

⑤ 比较大西洋东北部和太平洋北部渔业管理模式的不同。丹麦的一艘渔业保护船为了抓捕一艘绑架船员的拖船使用了最低限度的武力，结果遭到责难，被称为"红十字军号案"(1961 年)。而在太平洋北部，每年大约有 5 个日本人在跟苏联的冲突中丧生。阿根廷"贝尔格拉诺将军号"被英国击沉，即使阿根廷人在此前 24 小时不断发布战争法案，还是引发了漫无休止的争议，西方舆论对更高级别冲突的敏感程度也达到了极点。

般来说,挑起战争的一方要面临更高的政治和法律风险,在海上冲突的初期,冲突双方都是非常慎重的。

因此,尽管海洋法在执行过程中缺乏约束力,而且那些服从国际法庭判决的国家下场都很悲惨,但它依然对一国海上力量的建立和运用产生很大影响。

海洋依赖性

某一国的海洋性及其国家生活的方方面面对海洋的依赖,是本书重点关注的问题。研究这个问题需要大量高质量的分析评估。其中的数据涉及的范围广、内容多样,有的又明显冲突,难以把握。以往该领域的主要工作集中于对单个国家海洋依赖性的研究上,而不是对多个国家的比较研究。[1] 在比较研究方面,威尔士大学科学与技术学院的库柏教授及其研究小组业绩突出,其所著的《海洋时代地图》[2]一书是其研究成果的集中体现,并可用来与笔者所做的研究进行对此。笔者的研究是本节后半部分内容的基础所在。[3]

表1.2.2和表1.2.3所用数据均来自联合国相关统计数据,商船数据则来自菲尔普雷海运年鉴。两者都是以1978年的数据作为基准,尽管可能与现在的数据有些出入,但是拿它来与库柏小组以1980年为基准的数据进行比较还是可以的。尽管经济结构较以往变化更快,但大多数情况下维持不到十年的稳定还是可能的。

---

① 比如,英国海洋联盟最近的研究。

② 《海洋时代地图》,第144—145页。

③ 该研究是在1982年7月第二次戈斯波特中等海洋强国研讨会上提出的。

表 1.2.2　海洋依赖性：以国内生产总值为基础的对比

国　家	海上贸易	商船队	造船能力	捕鱼量	濒海区域	UWIST评级
阿根廷	＊＊＊＊	＊＊	＊＊＊	＊＊＊＊	＊＊	—
澳大利亚	＊＊＊＊	＊＊	＊＊	＊	＊＊	4.8
比利时	＊＊＊	＊＊	＊＊	＊	＊	4.0
巴　西	＊＊＊	＊＊＊	＊＊＊	＊＊	＊＊	4.2
加拿大	＊＊＊	＊＊	＊＊＊	＊＊	＊	4.1
智　利	＊＊＊	＊	＊	＊＊＊＊＊	＊＊	—
丹　麦	＊＊＊	＊＊＊	＊＊＊	＊＊＊＊	＊＊	4.5
埃　及	＊＊＊＊	＊	＊	＊	＊＊＊＊	—
芬　兰	＊＊＊	＊＊＊	＊＊＊	＊	＊	—
法　国	＊＊	＊＊	＊＊	＊＊	＊	6.2
联邦德国	＊＊	＊＊	＊＊	＊	＊	4.3
希　腊	＊＊＊＊	＊＊＊＊＊	＊	＊＊	＊＊	5.9
印　度	＊＊	＊＊	＊	＊＊	＊＊	3.4
伊　朗	＊＊＊＊＊	＊＊	＊	＊	＊＊	6.6
以色列	＊＊＊	＊	＊	＊	＊	—
意大利	＊＊＊＊	＊	＊	＊＊＊	＊＊	6.8
日　本	＊＊＊	＊＊＊	＊＊＊	＊＊＊	＊＊	9.2
墨西哥	＊＊	＊＊	＊	＊＊	＊＊	—
荷　兰	＊＊＊＊＊	＊＊＊	＊＊	＊	＊	7.4
新西兰	＊＊＊	＊	＊	＊＊	＊＊	—
尼日利亚	＊＊	＊	＊	＊＊	＊＊＊＊	3.9
挪　威	＊＊＊＊	＊＊＊＊	＊＊＊＊	＊＊＊＊	＊＊＊＊	6.7
南　非	＊＊＊	＊	＊	＊＊	＊＊	—
苏　联	n/a	n/a	n/a	n/a	n/a	5.2
西班牙	＊＊	＊＊＊	＊＊＊	＊＊	＊＊	5.4
瑞　士	＊＊＊	＊＊＊	＊＊＊	＊	＊	4.2
英　国	＊＊	＊＊＊	＊＊	＊	＊＊＊	7.3
美　国	＊＊	＊＊	＊＊	＊	＊＊	6.4
委内瑞拉	＊＊	＊	＊	＊	＊＊＊＊	5.5

表 1.2.3　海洋依赖性：以人口为基础的比对

国　家	海上贸易	商船队	造船能力	捕鱼量	濒海区域	UWIST评级
阿根廷	＊＊＊	＊＊＊	＊＊＊	＊＊＊＊	＊＊	—
澳大利亚	＊＊＊＊＊	＊＊＊	＊＊＊	＊＊	＊＊＊＊	4.8
比利时	＊＊＊＊＊	＊＊＊＊	＊＊＊＊	＊＊	＊	4.0
巴　西	＊＊＊	＊＊	＊	＊＊	＊＊	4.2
加拿大	＊＊＊＊＊	＊＊＊	＊＊＊	＊＊＊＊＊	＊＊	4.1
智　利	＊＊＊＊	＊	＊	＊＊＊＊＊	＊＊	—
丹　麦	＊＊＊＊＊	＊＊＊＊＊	＊＊＊＊	＊＊＊＊	＊＊	4.5
埃　及	＊＊	＊	＊	＊	＊＊＊	—
芬　兰	＊＊＊＊＊	＊＊＊＊	＊＊＊＊	＊＊＊＊	＊	—
法　国	＊＊＊＊	＊＊＊＊	＊＊＊＊	＊＊＊	＊＊	6.2
联邦德国	＊＊＊＊	＊＊＊	＊＊＊	＊＊	＊＊	4.3
希　腊	＊＊＊＊	＊＊＊＊＊	＊	＊＊＊	＊	5.9
印　度	＊	＊＊	＊＊	＊＊	＊＊	3.4
伊　朗	＊＊＊	＊＊	＊	＊	＊＊	6.6
以色列	＊＊＊＊	＊	＊	＊＊	＊	—
意大利	＊＊＊＊	＊＊＊＊	＊＊＊	＊＊	＊＊	6.8
日　本	＊＊＊＊＊	＊＊＊＊＊	＊＊＊＊＊	＊＊＊＊＊	＊＊＊	9.2
墨西哥	＊＊＊	＊＊	＊	＊＊＊	＊＊＊	—
荷　兰	＊＊＊＊＊	＊＊＊＊	＊＊＊＊	＊＊＊	＊＊	7.4
新西兰	＊＊＊＊	＊	＊	＊＊＊＊	＊＊	—
尼日利亚	＊＊	＊	＊	＊＊	＊＊	3.9
挪　威	＊＊＊＊＊	＊＊＊＊＊	＊＊＊＊＊	＊＊＊＊＊	＊＊＊	6.7
南　非	＊＊＊＊	＊	＊	＊＊＊＊	＊＊＊	—
苏　联	n/a	＊＊＊	n/a	＊＊＊＊	＊＊	5.2
西班牙	＊＊＊＊	＊＊＊＊	＊＊＊＊	＊＊＊＊	＊＊＊	5.4
瑞　士	＊＊＊＊＊	＊＊＊＊	＊＊＊＊	＊＊＊	＊＊	4.2
英　国	＊＊＊＊	＊＊＊＊	＊＊＊＊	＊＊＊	＊＊＊＊	7.3
美　国	＊＊＊＊	＊＊＊	＊＊＊	＊＊＊	＊＊＊	6.4
委内瑞拉	＊＊＊＊	＊	＊	＊＊＊	＊＊＊＊	5.5

这里所用的相关参数指标也是本章前面所提及的,比如远洋贸易水平、商船队规模、造船能力、渔业发展水平(生物资源)和近海区域开发能力(生物与非生物资源)等。不过,这里不大方便将军事因素囊括其中,因为军事手段更像是一国针对其海洋依赖性所采取的一种反应措施,而不是海洋依赖性本身。

以上五项指标在每个国家都有两个参照基准,一是国内生产总值,二是人口数量,必须将两者结合起来综合考虑,这样才不会导致结果的过分简化。假设 A、B 两个国家国内生产总值相近,而 A 国远洋贸易额占其国内生产总值的 20%,B 国仅占 10%。这样看起来,A 国对远洋贸易的依赖程度就是 B 国的两倍。然而,如果 A 国人口数量是 B 国的十倍,这样一来,在 A 国基础经济领域,其人均远洋贸易水平仅相当于 B 国的 1/5。由此看来,远洋贸易的缩减对 A 国经济整体影响要比对 B 国的影响大,但是其人均受到的影响却比 B 国小。以下两个表格一个是基于 GDP 进行的比较,另一个则是基于人口数量的比较,两者交叉对比就会得出一些有趣的结论。

这些样式的图表对消费杂志 Which? 的读者来说应该是非常熟悉的。多年来,以"星号越多越好"为标准,该杂志已经推出了从割草机到保险政策等多种多样的对比表。本章各表沿袭了这种形式,不过其宗旨却变成了"星号越多依赖性越强",那些对方法论感兴趣的人可以参照附录当中的具体细节说明。

对这些表格需要进行一些说明:首先,用于进行对比的 UWIST 级别并不总是与星号的数量相吻合,有时甚至大相径庭。这一点可以参见美国与斯堪的纳维亚半岛国家之间的对

比,在本章前面的表 2.1 当中两者也是同样的情况。为什么
会这样呢? 因为 UWIST 评级是"海外贸易中的国家利益指
数",它把海外贸易的绝对数量作为自身的一个因素,而该因
素在当前研究中并不明显,因为当海洋依赖性作为利益的对
立面出现时,该因素确实不应过分显露。如此一来就造成了
这种差异。不过,仅仅考虑中等强国的话,这种差异会小
一些。

　　第二,也是更重要的一点,这里还有很多因素未被考虑。
如海岸线长度、近海区域的面积、战略位置、转口贸易与沿海
贸易的重要性、方便旗船运输的所有权利益、沿海交通压力、
港口设施及其利用等都没有在表中体现。其中有些因素与评
级密切相关,有些还得进行复杂的数据处理,因此还需要做很
多工作。

　　最终得出的结论并不稀奇,但却是非常有用的。那些对海
洋最为依赖的国家不是岛国就是拥有很长的海岸线及有限的陆
地边界的国家,典型的如斯堪的纳维亚半岛诸国、日本和英国
等,其他像新加坡等一些较小的国家也是如此。如果可以获得
古巴的数据,情况也差不多。除此之外,一些国家尽管对海洋的
依赖程度相对较小,但对某项特殊因素存在明显的依赖性。如
利比亚对商船运输、沙特和科威特对海上贸易、冰岛对渔业生
产、加蓬对滨海区域开发等。尽管由于人口基数不大、若干国家
因国民收入不高而无法归入中等强国行列,但是她们在世界经
济与战略上的重要地位使其具有很大的脆弱性。即使按照这些
粗略的评估分析也可以看出,有些国家对海上动乱的抵御能力
相对强一些。法国与联邦德国之间的对比就很明显:联邦德国
拥有庞大的国际贸易,一旦遭遇某种限制,其经济将会遭受巨大

损失,而法国尽管也对海洋存在某种依赖,但是同等情况下不至于遭受那么大的损失。不过,这两个国家之间的差异对此她们与印度甚至巴西之间的差异就显得微不足道。必须强调的是,尽管世事无常,但印度与巴西两国积极向外发展,利用海洋的努力终将导致两国海上实力的增强,海洋依赖性和海上脆弱性的加剧。

力量/脆弱性等式

在不断变化的海洋事务领域,存在着很多相互制约、相互平衡的关系,而力量与脆弱性之间的关系或许是最引人注目的。战略家们总是不遗余力地谋划一种很明显的零和博弈(尽管现在"输"与"赢"这两个词已经不像过去那样时兴了),但是他们还是需要向那些精打细算的商人们学习。不过,对战略家们来说,要计算的并不一定都是与钱有关,而是更为错综复杂的事物。

前面已经讲过关于商船队的问题了,这里讲海上经济力量的另一个方面——海上油田。很多人觉得它实在是个好东西,是大自然的馈赠,能为我们带来免费的燃油。不过,这有点像《魔笛》或是 007 小说里的情节:要想赢得某样东西必须得冒险①。具体讲,这种冒险就是必须进行勘探、地震测试、冒着80%的失败风险打孔、建设钻井平台和开辟油船锚地等,然后才能打出油。其中的风险不可小视,有些还会持续存在。这些风险包括:一是技术风险,尤其是在那些深水区域或天气状况复杂多变的水域;二是自始至终存在的经济风险:随着油价的波动,石油生产可能会入不敷出;三是人力资源风险:这里指的是

---

① John S. Jennings, 'Problems Arising from North Sea Development', paper given at the Ninth Greenwich Forum, September 1983.

由海上钻井平台的生产事故引发的人员伤亡；四是因天气、疏忽大意以及船舶和飞机操纵不当而导致的钻井平台的损坏风险；五是来自拖网、船锚甚至操作不当的潜艇对输油管道的损坏风险；最后是来自敌方的破坏活动甚至直接攻击风险。

对于所有这些风险，石油公司在投资前都会进行精确的分析评估。在应对上述一些风险的过程中，政府也负有一定的责任，不过他们是不是会像石油公司那么重视还不好说。不过，仅从英国和挪威政府采取的不同政策就可以看出，有些人实在是不太聪明。不过话又说回来，两国在人口、面积及观念上的差异可能也会促使其考虑不同的因素、采取不同的政策。

所有海上的经济活动或与海洋有关的经济活动都必须对利润、风险、力量和脆弱性之间的平衡关系进行综合考虑①。尽管如此还是不能详细阐述出力量与脆弱性的互动关系：这种互动关系还适用于海上武装力量的存在与使用过程。让我们暂且将动用武力的成本撇到一边（这不是本书的中心内容），有时仅仅动用部分海军兵力就会面临相当多的脆弱性。即使是为了捍卫自身权利，同样可能会遭受极大的损失。1946 年的科孚海峡事件就是最有力的证明。当时，英国为了宣示自己在这条国际海峡享有无害通过权，两艘驱逐舰触雷受损，并导致 44 人死亡。有学者甚至夸张地称之为"皇家海军最可耻的失利之一"②。当然，我们可以认为这是一次失败的行动，但是国际法庭却因此承

---

① Roy Farndon, 'Does London Have a Future as a World Maritime Centre?', paper given at the Ninth Greenwich Forum, September 1983.

② Eric Leggett, *The Corfu Incident* (Seeley Service, London, 1974), p.24.

认了军舰在上述海峡的无害通过权,并使之成为国际法的基本准则之一①。但是,也有人认为战争是得不偿失的,除非一个国家拥有战无不胜的海军力量,否则其总会存在某些脆弱性。即使是超级大国的海军也无法做到战无不胜,海军的确是一项冒险的职业。

在英国,人们普遍认为制定海洋政策时对各种利弊得失的分析评估不可能面面俱到。保罗·肯尼迪所说的"凭借三方平衡支撑的大英帝国治下的和平"已经离我们远去了:首先是一支充足的、拥有广泛的基地群且足以保卫日益增长的全球贸易的海军力量;其次是一个日益扩张的、能够为海军提供港口设施和力量中心的正式帝国与一个更大的非正式帝国,两者同时为英国经济提供必需的原料和销售市场;三是工业革命,它将英国的产品输送到世界各地,把广大的海外殖民地纳入英国的商业和金融轨道,并催生了一支庞大的商船队伍,为英国舰队提供了物质支持。这三者构成了一个极其牢固的力量框架,只要其中一方不软弱到令这座力量大厦倾覆,它就会持续屹立②。

巴内特和肯尼迪本人都曾指出,大型组织的内部必然隐藏着巨大的脆弱性。因此,英国必须小心翼翼地摸着石头过河。不过,也不必像某些学者那样过分悲观。中等强国必须对力量、依赖性、风险和脆弱性进行合理评估并使之上升为国家政策乃至国家战略,尽管通过一个国家的发展经验建立起来的框架倾覆了,但这并不能成为中等强国放弃这条路线的理由。

① (1949) I.C.J. *Reports*, Corfu Channel Case (5 Vols).

② P. M. Kennedy. *The Rise and Fall of British Naval Mastery* (Allen Lane, London, 1976), p.157.

中等海上强国

第一章列举的具备中等强国潜力，并在第二章两个表中出现的国家，看上去均具有相当的海上实力。"中等"一词暗含着某种发展水平，想要达到这种发展水平一方面需要对本土进行大规模开发，另一方面则需要通过海上交流实现不同国家、不同文化间的沟通往来。事实上，第一种发展只有20世纪30年代的苏联，或许更早的中华帝国和蒙古帝国实现过。第二种是一种常态化的发展模式。因此，毫无疑问，"中等"与"海洋性"是相互关联的。

不过，这种关联并不是那么密切。如前所述，不管是海洋利用、海洋依赖，还是海上脆弱性都有很多变数。尽管有些指标尚需进一步研究，但这些变数依然可以通过一些数字进行粗略表示。至少我们可以从中了解有些中等强国相较其他中等强国更具海洋性，以及哪一国的海洋性最强。

中等强国对自身海洋性的认识也是非常重要的。有些国家竭力培树国民的海洋意识，其中巴西政府就要求教师向学生灌输海洋思想。[1] 而有些国家尽管有着悠久的海洋利用史，但却由于逐步转向大陆发展而忽视了海洋，几乎可以被算作无视海洋的一类国家[2]。

也许有人认为，不管如何粗略，如同评估海洋依赖性、中等或是军事实力一样，可以凭借对海上军事力量以及一个国家对其海上活动的扶持政策的分析，来量化评估这种海洋意识。不

---

[1] 感谢亚历克·史密斯（Alec Smith）教授向我提供这一信息。这是他在1984年在南美学术界的陪同下访问巴塔哥尼亚时收集的。

[2] Professor D. C. Watt, 'How British Governments have viewed the sea', closing paper at the Ninth Greenwich Forum, September 1983.

过,笔者对此持怀疑态度。因为海军预算或是补贴的相关信息是飘忽不定的,有的甚至是高度机密,而且各国政府对此经常是言不由衷、遮遮掩掩。

然而,这种对海洋性的自我认识终究会真相大白。不管一国政府的政策规划如何集中统一,国际贸易和资源勘探的模式演变却不仅仅受到政府力量的控制。海军也不是单纯的人与装备的结合,而是继承了传统观念和方法并融合了未来规划设计的综合体。与海上经济力量一样,海军力量也不是一蹴而就的,其威力在正常情况下也不会很快衰减。当然,政府可以改变政策取向和侧重点,但是这种变更却会受到某些传统习惯做法的制约。大多数政府能够看到海洋对国家的重要性所在,并据此制定相关政策,采取相应措施。其中有些政府会刻意采取措施增加或减少这种重要性,也有许多国家会采取一种放任自流的态度。本书要研究的不是各个政府努力促使国民生活方式向以海洋为基础急剧转变这种微弱的可能性,而是各国根据自身实际利用海洋为其服务的效率问题。

结语

海上力量就是能够利用海洋进行发展的能力。这种能力可以为一个国家带来好处:从经济上讲是可以进行海上贸易和海洋资源开发,从军事上讲是可以保护经济活动、投送兵力和对敌人进行威慑。不过它也会给一国带来某些脆弱性:海上经济活动相较于陆上经济活动更易受到威胁,而某些情况下海上兵力也可能被胁持,成为攻击目标。也许一国认为没有海上力量照样可以维持下去,但是之后会发现非常困难。不过,一国可以通过改变其政策取向来增加或减少对海上力量的重视程度。

世界上确实存在着中等海上强国这一群体。如果一个中等强国重视自主权并能够利用自身力量来维护自主权,那么她就会着眼利用海洋来增强自己的上述能力。这种能力有何局限,在某一事件中究竟需要维持多少自主权,有赖于中等强国如何利用自身资源来达成目标。换句话讲,就是有赖于其国家战略。那么,中等海上强国如何利用海洋资源来维护自身核心利益进而达成战略目标的呢? 这将是本书随后要讨论的问题。

三、威胁与结盟

　　从威胁入手是参谋学院研究不确定性问题的捷径,不过其有效性还值得怀疑。从战略思维看,这种方法主张采用大量假设来形容对立方的身份、性质和目的,相比之下运用分析法则会更好一些。在战术方面,它则渗透着一种被动防御的观念。多数情况下,无论是战术还是战略研究它都与一国需要保护的利益或是追求的目标毫不相关。

　　尽管如此,在所有的战略分析中,威胁又是不得不考虑的问题。本书经过对中等海上强国的性质、利益、战略目标以及从最广泛意义上讲的战略原则的分析之后,也得出同样的结论。由于研究对象是中等海上强国这一群体,而不是其中某个国家,因此,除了个别地方会列举某些特定事例来加强说明外,对海上威胁特点的分析一般都是面向整个群体的。

　　威胁的实质是一种强制实施的能力或意愿,其目的是迫使威胁对象做出违反其意愿或利益的选择。

　　本书前面提到的力量形式都可作为威胁的手段。即使是笔者笼统地称之为智力的力量形式也可用于强制目的,比如宣传和颠覆活动,以及通常情况下的外交谈判活动,都有一种强制的意味在里边。经历过这种场合的人都知道,在一个大部分由中等强国或是小国代表组成的国际会议上，超级大国代表团的力量远胜于其他国家代表团。智力往往用于间接影响第三方，并且作为一种对其他威胁手段进行协调、放大和传播的途径。本章主要论述经济和军事两种力量形式的威胁。

这里有两点需要着重指出：首先，一旦进入敌对状态，威胁就不可能仅存在军事力量这一种形式。在战争中，尤其是大国、强国之间的战争，协调各种因素一致对敌是极为重要的。曾有人认为，不管事后的评价如何，即使某项力量运用是十足的败笔，处于全面战争状态的国家几乎不可能顾虑那么多①。较低水平的冲突对抗也可能包含经济、军事和智力各种威胁在内，其协调与否、协调程度的高低应依据施加威胁的手段来确定。正常的国际冲突水平之下，也就是和平状态下，军事威胁尽管强劲但往往是潜在的，而经济或是智力的威胁却是显而易见的。

其次，威胁不一定必须正面施加。美国对其南部国家（先是古巴后是中美洲各国）的态度就是一种典型的超级大国态度，她也曾直接施加过威胁，但现在却转向了间接方式。与之类似，20世纪 60 年代英国对阿曼的支持也可视为对威胁做出的反应，主要基于两方面考虑：如果南也门民族解放阵线推翻阿曼的马斯喀特政权，尽管其武装力量不会对英国构成直接威胁，也不会威胁到西方位于亚丁湾的海上航运活动，但他们的确具备这样的能力，会削弱亚丁湾周边的友好国家的政权。在苏联看来，一个混乱的阿富汗极易被亲西方的势力控制，如此一来就会对苏联产生不利影响，这是其无法接受的。对这类威胁采取行动往

---

① Correlli Barnett, *The Collapse of British Power* (Methuen, London, 1972), pp. 586 - 587.

往会受到民意的谴责,因此必须具备坚定的意志,才能坚持下去。而采取积极措施应对那些间接的威胁则更需要坚定的决心,用苏联的术语来形容就是"各种力量相互关系之间的逆向变化"。国际环境的这种变化也许根本不是敌对行动所致,而是源于各个国家内部的变化,很难进行区别。只有超级大国才打算利用各种力量来对抗这种变化,不过,即使超级大国这么做,也会谨慎从事,以免得不偿失。

中等强国面临的威胁

在笔者书房的墙上写着这样一句格言:防人之心不可无。对中等强国来说,常怀提防之心也是情理之中的事,其权益受到侵害的可能性比超级大国或是小国都要大。超级大国拥有强大的武装力量、巨大的经济实力和广泛的国际政治影响力,使得其既不会在乎那些小麻烦,也完全有能力慑止可能的侵权行为。小国只求领土完整、政治独立和相对较少的延伸利益,因此也不大可能成为潜在的攻击对象。然而,中等强国却处于广泛的威胁之下。

首先,无论一个中等强国是发达国家还是新兴国家,由于其国土面积和潜在国力的吸引,超级大国往往将其视为自身经济体系的一部分,并当作自身的战略资本、政策支持者甚至是抗拒其他超级大国的挡箭牌。因此,超级大国之间的利害关系往往会渗透到中等强国之间。有些中等强国选择了"一边倒",这也不奇怪,而有些却标榜自己是不结盟的,实在是令人有些匪夷所思。印度和巴西就是其中的典型,她们一个倾向于莫斯科,另一个倾向于华盛顿,因为她们都把另外一个超级大国视为自身核心利益尤其是区域基础权益的主要威胁,而不是出于意识形态或是经济同盟的考虑。法国的戴高乐主义就体现出一种对美法之间这种主顾关系的不适应，可以看作机会主义的政治博弈①。

由此看来，超级大国的威胁是每个中等强国都必须面对的现实。实质上，它足以威胁到中等强国的方方面面。但就一场低强度冲突来说，也可以认为这种威胁只会影响到中等强国的政治独立及延伸利益，或许还包括领土完整。

非超级大国威胁通常可以分为两类：来自邻国的威胁和来自远方的威胁。

邻国威胁对新兴的、大陆中等强国的影响要大于对传统的、岛屿国家的影响。在西欧，邻国之间的战略摩擦大部分都已解决或是纳入到欧共体内部消化；澳大利亚和印度尼西亚尽管一度相互猜疑，但由于远隔重洋，加之两国资源有限，直接对抗的可能性也非常低②。与此不同的是20世纪60年代马来西亚的遭遇，由于沙巴州的陆地边界纠纷，再加上其海上通道极其狭窄，促使对抗进一步加剧。在南美，邻国关系问题一直都是各国关注的焦点。1981年末至1982年初，阿根廷政府面对国内的纷争积极寻求对外军事冒险时，曾一度面临两种选择：要么通过武力拿下福克兰群岛，要么对智利动武③。20世纪70年代末，阿根廷、智利毕格尔海峡争端与福克兰群岛之战一样都极大

①　David S. Yost, *France's Deterrent Posture and Security in Europe* (International Institute for Strategic Studies, Adelphi Paper No. 194, 1984/5), p.6.

②　Michael McGwire in *Insecurity! The Spread of Weapons in the Indian and Pacific Oceans* (ed. R. C. O'Neill) (Australian National University Press, Canberra, 1978), p.100.

③　*Strategic Survey*, 1982—1983 (International Institute for Strategic Studies, London), p.117.

刺激了阿根廷敏感的神经①。不过,在中等强国中,以色列面临的邻国关系问题是最严峻的,其反应也是最激烈的。她在各个领域的资源分配几乎都是围绕这一问题展开的②。

非邻国威胁对中等强国的影响更为微妙,而那些发达的后帝国主义国家也视之如鲠在喉。首先,他们曾一度拥有遍布世界的属地,但现在这些属地却是管不得也扔不掉。这其中实用主义与中间原则相互交织,错综复杂③。其次,他们大多都在远方拥有区域经济利益。如果不是在整个法属非洲存在自身利益的话,法国也不会卷入乍得事件,而英国在海湾地区的特殊影响力,其中既有历史原因也有经济利益的因素。

威胁与利益一样错综复杂。它们可能源自国家内部,导致政权更迭,造成敌视的政权上台;可能来自域内其他国家之间冲突造成的池鱼之殃(两伊战争由于发生在石油过剩时期,因此未对外界造成巨大影响);可能来自敌视的政权;可能源自国际法框架下对权利与责任的不同解读;还可能事关中等强国的海外利益。尽管上述威胁对那些已经在其疆域之外建立了庞大利益网络的发达中等强国来说,影响更为明显一些,但对那些仍是发展中国家的中等强国而言,并非一点儿影响也没有④。

---

① J. Cable, *Gunboat Diplomacy* (Macmillan, London, 1982), p. 256.

② N. Safran. *Israel — The Embattled Ally* (Belknap Press, Harvard, 1978), p. 230.

③ 英国对香港和福克兰群岛截然不同的立场就是 80 年代中期的一个典型例证。参见 1984 年 12 月 23 日的《星期日泰晤士报》。

④ 事实上,对发达中等强国的威胁可能会为发展中国家的中等强国创造机会,参考 Peter M. Dawkins, *Controlling Future Arms Trade*, eds A. H. Cahn, P. M. Dawkins, J. J. Kruzel, J. Huntziger (McGraw-Hill, New York, 1980), p. 116.

海上威胁

这里确有必要研究一下中等强国面临的海上威胁。首先，必须区分两类不同的受威胁对象：一是处于海洋环境中的资产，如捕鱼船队、资源开采设施、贸易船队以及海军力量等；二是可能遭受来自海上威胁的城市或海外某地的利益。

对海洋资产的威胁可能来自于管理层面（即所谓"……那种在海关就开始的冲突"）①。例如：《联合国贸易与发展会议班轮守则》的制定和英美两国班轮运输问题上的分歧②。这些究竟在多大程度上导致了 20 世纪 80 年代初期英国商船队的衰落还有待历史学家考证，但毫无疑问这些问题确实未带来什么好处。

政府管理层面的威胁还可能来自一个国家根据自身对国际法的解读而进行的立法活动。这其中既有像 20 世纪 50—60 年代巴西、厄瓜多尔和秘鲁通过制定相关渔业规定来宣示对广阔的传统海域的主权③，并以此将部分或全部其他国家的渔民排除在外的行动④，也有通过制定海上交通规则或是港口规定来加重外国商人的负担，对其进行打压的行为⑤。坦率地说，尽管

---

① J. R. Hill, 'The Role of Navies', *Brassey's Annual 1970* (William Clowes, London, 1970), pp. 127 - 137.

② *Greenwich Forum VI* (ed. M. B. F. Ranken) (Westbury House, London, 1981), pp. 127 - 137.

③ *Admiralty Notice to Mariners*, No. 12/1982.

④ B. Buzan, *A Sea of Troubles? Sources of Dispute in the New Ocean Régime* (International Institute for Strategic Studies, London, 1978), p. 9.

⑤ 在 1984 年 6 月写给英国首相的一封信中，航海协会主席说："我们知道，大约有 20 个国家强烈排斥英国船只使用它们的港口。"参见 *Seaways*, August 1984, p. 27.

这些立法活动目前还只是对中等强国的远洋渔船队伍产生了较大影响,但是未来却有可能通过像马六甲海峡曾经实行的征税措施,或者类似于 1970 年加拿大立法提高设备限制标准等行为,成为所有商业交通活动的障碍①。

尽管许多新兴国家对主权问题异常敏感,但令人吃惊的是,第三届联合国海洋法会议却没有否定一国军用舰艇在没有通知或授权的情况下无害通过他国领海的行为。随后制定的海洋法公约中也没有相关条款。1981 年 8 月 19 日,从美国海军"尼米兹"号航母起飞的战斗机击落了两架利比亚苏-22 战斗机,而利比亚战斗机是从距利比亚海岸线 60 海里的地方发起攻击的,这就是锡德拉湾事件。这一事件具有很强的教育启发意义,此前利比亚一直以锡德拉湾深入利比亚领土为由,宣称该海湾是其内水而非领海。而这种对国际法的极端解读不单单发生在利比亚身上。因此,未来在近岸海域对军舰的通行和机动施加的行政威胁还可能广泛存在,中等强国的海上力量对此会比超级大国更为敏感,因为其防御能力毕竟不可同日而语。

还有一种威胁也属于行政威胁范畴,那就是周边国家对有关海域或海床的主权宣示。这种争议区有很多,在解决这些问题的过程中经常是一波未平一波又起②。

中等强国在面对这些威胁时一旦处于被动,就将遭受严重损失。虽然英国远洋渔业的衰落是由多种因素造成的,而冰岛通过一系列立法成功地将其挤出了本国 200 海里专属经济区,

① Canada, Arctic Waters Pollution Prevention Act, 1970.

② 例如,大陆架案(突尼斯—利比亚 阿拉伯 牙麦加),1982 年 2 月 24 日裁决,ICJ Rep. 18。

只是导致其衰落的原因之一。然而，正是此举使得本来就十分脆弱的英国远洋渔业雪上加霜。

对于中等强国来说，如何处理这类威胁的确是一个棘手的问题，在本书的后续章节会给出一些解决这一问题的思路。在此需要指出两点：第一，由于那些施加威胁的国家总是宣称依据法律行事，而国际法又是模棱两可的，因此不应排除利用军事力量进行威慑或采取实际行动的可能性。第二，由行政立法措施引发的争端根本无法引起盟国的兴趣。

政府管理层面的威胁是实实在在存在的，它们通常只是针对一国的延伸利益，而且往往会有累积效应。或许它们不符合传统上对威胁的定义，但这里确有必要对这一概念做出一定说明，因为一旦它们遭受抵抗将会导致更高层级的威胁，也就是下面要阐述的内容。

"侵扰"是个灵活性很强的概念，像"对抗"一样，它也不如几十年前那么流行了。如果作为描述不友好国家海岸执法力量采取强行干预方式宣示主权的行为，它的确有点过重，而如果用它来描述像封锁、阻断等那些军事色彩更为浓厚的措施，它又显得有些力不从心。在20世纪60年代，这些侵扰活动还是非常有效的，然而到了70—80年代，航海家们已经学会了与这些讨厌的敌对行为周旋了。因此，尽管来自渔船、商船或是军舰的侵扰还会有一定的作用，但如今却只能当作辅助手段了。

然而，如果卷入他国之间的战争又另当别论了。尽管美英在海湾地区都有军事力量存在，但从两伊战争开始时的1980年到1984年9月，还是造成60艘中立国商船的损伤和沉没，罪魁祸首有伊朗的飞机也有伊拉克的飞机。去往巴德尔霍弥尼的船只保险费率曾一度达到船舶造价的20%，而前往其西南80海里处的卡尔格岛也要付 7.5% 的保险费。[①] 人们通过分析可以得出很多结论(当然也不全是令人沮丧的消息),比如说世界并不缺少石油、保险市场并没有崩溃、战争并没有祸及霍尔木兹海峡等等。而红海的那些触雷事件虽然无从考证,但教训却极为深刻:在这个纷繁复杂的世界上,他国的战争也会在一定程度上影响到许多中等强国的切身利益。

海湾战争中的袭船战可以被认为是一种极其原始的封锁行动。之所以说它原始,是因为封锁行动应该更加精确,用经典战争术语来讲就是要规则明确[②]。如果仅仅是他国之间在战争中的相互封锁,那么在现代条件下,除非战争封锁扩大,作为第三方的中等强国是不会受到致命影响的。然而,实际上封锁往往在针对敌国的同时也针对中立国的海上航运活动,一旦受到有效封锁行动的影响,中等强国很快就会感到举步维艰,这也是岛国之所以维持强大军力的原因之一。

人们不禁要问,什么力量才能对一个中等强国实施行之有效的封锁行动呢? 目前来看,可能只有超级大国能够做到。即使是沿海布雷这种最原始的封锁方式,在大多数情况下也是超出一个中等强国能力范围的。

海盗活动也是中等强国海上资产面临的威胁之一。虽然海盗活动的分散性决定了其不会对中等强国产生致命性的影响,但近十几年来海盗活动不断呈现愈演愈烈之势,以至于 1983 年尼日利亚沿海竟然变成高度危险的海域,而在新加坡海峡每

---

① Capt. B. E. D. Edwards, 'High Noon in the Gulf', *Seaways*, November 1984, p. 3.

② C. J. Colombos, *International Law of the Sea* (Longmans, London, 1967), pp. 716 - 726.

3天就有一艘商船遭到海盗袭击①。尽管在公海甚至是专属经济区,任何个人或机构都可以对海盗采取行动,但在领海以内,反海盗行动却只有沿海国家才有权实施。而许多沿海国家的表现欠佳,让人感到气愤②。

蓄意破坏和劫持活动并不属于严格意义上的海盗活动(其实海盗活动在法律上有明确定义,不过有时却被媒体和政客滥用),也不会对中等强国的核心利益产生多大影响。不过,这种活动达到一定规模也会对中等强国的沿海设施构成一定威胁。一处沿海油井泄漏造成的损害已经是不容小视,而如果一场有预谋的全面破坏行动造成多处油井或输油管道同时泄漏的话,那就等同于对社会秩序的严重侵害。同样,在同一时间劫持多处海上钻井平台也会对中等强国的政策产生重大影响。

面对各类针对海上资产的威胁活动,中等强国确实有必要采取反击措施来践行国家的相关主张。这些措施包括羁押、对渔船和商船越轨行为的惩戒以及对军舰的直接攻击等。尽管某些情况下人们希望将这种行动限制在一定范围和强度内,但目前来看,此类行动已经变得越来越没有节制了③。

最后,还需要分析一下中等强国一旦卷入战争后,其海上资

---

① Capt. C. W. Koburger, Jr, USCG (Retd.), 'Swords and Surfboats: Cost Effective Maritime Law Enforcement', Nautical Institute Seminar, 10 November 1983, *Report*, p.6.

② United Nations Convention on the Law of the Sea, 1982, Art. 58(2).

③ 一个典型的例子是对25年前发生的"红十字军号"案的狭隘和限制使用武力的裁决;与此相反,对1984年爱尔兰巡逻艇击沉一艘西班牙渔船,公共舆论却漠不关心。

产面临的各种威胁。不过，这里需要区分两种情况：一种是敌
对一方有超级大国参与的情况，另一种是敌对一方没有超级大
国参与的情况。

如果某个超级大国加入了敌对一方，那么中等强国的海上
资产就将面临全面威胁。在某些区域，尽管超级大国的岸基飞
机，尤其是那些装备了反舰导弹的飞机无法立即对中等强国的
海上资产造成损害，但超级大国还有其他武器可供选择。如此
一来，中等强国的海上资产就会受到大量以潜艇、水面舰艇和飞
机为平台的鱼雷、导弹、水雷、炮弹和炸弹的常规或非常规攻击，
而这种攻击的背后又有着强大的侦察和指挥控制体系在支撑，
以中等强国的实力肯定是难以对抗的。

非超级大国对手也可以在战争中对中等强国施加一系列威
胁，不过与超级大国相比，这些威胁根本不是一个量级的。在这
种情况下，评估这些非超级大国所具备的特殊能力就显得至关
重要了：有些非超级大国的海军力量可以在远海遂行任务，不
过大多数无法做到这一点；如今在他们当中有 40 个国家拥有潜
艇，但数量极少，而且训练水平也不高[1]；有 50 个国家拥有专门
或主要用于执行海上任务的飞机，不过大部分是岸基的，而且缺
少空中加油措施。其中一半以上都是用于执行侦察监视任务，
无法直接实施攻击[2]；大约 70 个国家拥有装备对海攻击导弹的
舰艇，但多数只具备视距内攻击能力[3]，而且大部分都是小型攻

① J. R. Hill, *Anti-Submarine* Warfare (Ian Allan, Shepperton, 1981), p.35, for a 'non-aligned' list.

② Jean Labayle-Couhat, ed., *Combat Fleets of the World 1984 - 1985* (Arms and Armour Press, London, 1984), *passim*.

③ *The Military Balance*, 1983—1984.

击快艇,不具备远海(200~300 海里以上)作战能力;有些国家的指挥控制与通信系统具备远程作战能力,但实际上其中大部分的有效作战能力仅限于距离基地几百海里范围内;此外,这些国家几乎没有几个在本土以外拥有军事基地。1982 年马岛战争中,阿森松岛对英国的胜利起到了重要作用,但这只是一个巧合而已,并不在英国的战略规划之内。直布罗陀海峡尽管已经关闭船坞,但依然极具战略价值,只不过随着西班牙加入北约,该海峡更多地纳入北约的控制之下。法国在印度洋也有几个有价值的基地,荷兰在安地列斯群岛也有一个。除此之外,那些在国家主权范围内、驻有盟国或是联合国兵力(都是非海军兵力)的岛屿就成了非超级大国兵力唯一的海外落脚点了。

需要指出的是,中等强国的对手不一定是中等强国,非超级大国并不单单指那些中等强国,更不仅仅是指中等海上强国。像冰岛和苏里南这样的小国也赫然出现在了凯布尔所著的《炮舰外交》结尾的大事记上,而且不是作为受害者而是作为进攻方出现的①。时至今日,"大卫与哥利亚的对决"②正在以各种形式和规模出现。小国凭借其特殊的能力与充分的准备,在某些区域尤其是邻近其本土的区域挑战大国、强国已经不是什么新鲜事了。这些都得益于前文提到的各个方面的发展,尤其是:强

---

① Cable,*Gunboat Diplomacy*,pp.250,254,256.

② 出自圣经经文——大卫战哥利亚,撒母耳记上十七章 1~50 节。讲述了非利士军队和以色列军队对阵,非利亚巨人哥利亚挑战以色列人,叫阵四十天无人应战,最后大卫一个牧童出阵用弦机甩出的石子打穿了哥利亚的额头,然后用他的刀杀死他,割下了他的头。以色列军队趁机呐喊冲锋打败了非利士人。从此以后大卫在以色列人中威望大振,后来成为历史上有名的大卫王。——译者注

调主权是国家的基本权利;坚持以自卫为标准判断战争行为;联合国大会上小国的固定多数地位;现代媒体传播的广泛快捷;海上武器装备的相对小型化和廉价化。

未来,中等海上强国还会遇到针对其海上资产的更加纷繁复杂的威胁,而且这些也还只是他们所面临威胁的一部分,因为对手还可以利用海洋对中等强国的陆上权益构成威胁。

也许之前所谓的"岛屿争夺战"是这类威胁中最轻微的了①。不过现在来看,通过武力或是武力威胁来夺取他国宣称的领土却是一项严重的事件,发生于 20 世纪 70 年代的海湾地区通布岛事件、南中国海的西沙和南沙群岛事件以及葡属帝汶岛事件等都证明了这一点。所有这些都属于入侵行为,规模不大但却很成功。这些岛屿除了帝汶岛以外都是人迹罕至或是根本无人居住的,但是其战略价值却远非几个小岛相比。有了它们,一个国家就可以得到其周围一大片专属经济区及其蕴含的丰富资源②。

这样就出现了原则性问题:夺占即成归属? 如果这种占领被定性为侵略,难道就任由侵略者享受夺来的实惠? 以联合国为代表的国际社会如何主持正义? 难道像印度尼西亚那样以去殖民地化为借口占领东帝汶就是理所应当的?

1982 年 4 月 2 日,阿根廷军队强占福克兰群岛后,这些问题又一次浮出水面,而且更趋尖锐化了。马岛战争的结局世人

---

① Cable, *Gunboat Diplomacy*, p.21.
② 《1982 年海洋法公约》(第 121(3)条)规定:"不能维持人类居住或其本身的经济生活的岩礁,不应有专属经济区或大陆架。"通布群岛、西沙群岛和南沙群岛是否适用这一界定,无疑是一个需要解释的问题:问题不仅在于居住和经济生活,而且还在于夺占是否成为实际归属。

皆知,在此不再赘述,不过英国为何如此反应,冒险发动战争重新夺回福克兰群岛却与本书的主旨有某些重要关联。

英国之所以冒险发动战争,首先是国内民意驱使。如果默认了阿根廷对福克兰群岛的占领,那么无论哪届政府都不会执政长久的。因此,为了政府继续执政,军队就要去冒险了。撇开国内这些因素不谈,维护英国的延伸利益就成了更为合理的原因。重塑英国的威慑力、维护岛上居民的自决权、守卫一个牢固的法律头衔、决心不让侵略者得到好处、强化英国认同的国际法准则等等都是英国发动战争的原因,而且这些原因都可归结到第二章所列的深层次动机当中:也就是拉斯韦尔(Harold Dwight Lasswell,1902—1978)所说的力量、尊重、责任和公正。从长远看,如果福克兰群岛周边的大陆架得到合理开发的话,还会带来财富。当然,这种开发活动有可能是与阿根廷联合进行的。

岛屿是中等强国容易遭受海上攻击的一部分资产。当然,很多情况下,本土也可能受到攻击。俄国最杰出的海权研究学者曾指出,二战以来的众多登陆战几乎全部成功实现既定目标①。此后,这一模式不断重复②。对于一个中等强国来说,全面的海上入侵是充满风险的战争行为,无论是岛国还是拥有脆弱的海岸线的国家,都无法忽视这一问题。纵观英国的历史,其海军的主要任务和存在价值就是抵御外来侵略。从铁器时代至今的历次战争实践表明,一旦海上行动失

①　Admiral of the Fleet of the Soviet Union S. G. Gorshkov, *The Sea Power of the State* (Pergamon Press, Oxford, 1978), p. 269.

②　Cable, *Gunboat Diplomacy*, pp. 228 - 256,在众多成功战例中,只提到一次失败。

利,其后果就是整个战争的失败。

一旦发生冲突或是战争,由小股敌对分子发起的海上登陆作战是大多数中等强国都会面临的威胁,而且它不同于全面的海上入侵,其具体实施方式也是多种多样的。他们袭击的目标往往是对方的指挥控制中心或是关键的后勤补给点,如果是境外恐怖分子发动的此类袭击,往往会选择那些包括平民在内的公共目标。这些行动既有像印度尼西亚与马来西亚对抗中的袭击那样是引人发笑的一类①,也有像 1984 年 6 月以色列突击队袭击驻黎巴嫩的巴勒斯坦游击队那样干净利落的一类②。

这类小规模作战行动依赖于单兵作战能力和特殊的环境条件,其中机遇扮演着很重要的角色,因为行动总是充满变数。不过,那些拥有丰富的人力和物质资源的国家,足以抽出力量来训练特种部队以执行多样化的特殊任务,如苏联的斯贝茨纳兹特种部队和英国的 SAS/SBS 等。与此同时,恐怖组织的资源却相对有限。面对海洋,恐怖分子还仅限于一些武器走私活动,也有恐怖分子利用海洋进行人员渗透和物资补给活动。

中等强国面临的海上威胁中,最为极端的就是通过常规打击或是核轰炸摧毁其全部或部分设施。

从海上发动的常规打击可以由舰炮、巡航导弹或舰载机实施。如果打击对象是一个中等强国,目标必须有选择性。因为

---

① UNDOCs S/6034,S/6036,S/6084,S/6111,S/6140,S/6167,S/6222,S/6388.

② *Keesing's Contemporay Archives*(Longman's London),p.33062.

中等强国往往具有相当数量的资源,即使是超级大国,其常规弹药存量也不足以对其实施全面有效的打击。因此最有可能的打击目标应是军事目标,至少是战略目标。一旦将这些目标摧毁,就会对中等强国的经济和战略潜力造成极大破坏。如能摧毁几个选定的港口、若干大型船坞、三四个电子工厂和数个机场,就会瘫痪任何一个中等强国。不过,此等规模的海上常规打击能力,只有超级大国才具备。

目前,只有5个国家具备海上核打击能力,而这五个国家恰好是联合国安理会5个常任理事国(这也许不完全是巧合)。其中,美苏是超级大国,英法属于中等强国,还有一个就是中国。理论上讲,她们可以在全球范围内实施核威慑,但事实上有些还是会受到投送距离的严重制约。所有的中等强国都十分关注战略核武器可能对其构成的威胁。至少有很多西方国家都对威慑理论所宣称的"核武器是维护和平的重要力量"这一说法不甚信任。而且,即使她们接受了这一理论,也会想方设法防患于未然。她们当中的大部分都对超级大国不信任,因为在其看来,超级大国作为一个政治实体也想在一场核冲突中生存下来,这是情理之中的事,而由于资源上的差距中等强国却不相信自己也能存活下来。随着核潜艇这种难以探测、生存能力强的核武器平台出现,使弹道导弹的威胁更加显现,即使有可能对其进行防御,也只有超级大国能够做到,这使得中等强国对自身面临核打击时存活可能性的悲观情绪更加严重。

威胁:小结

中等强国在海上或面临着来自海上的各种威胁。像管理上的摩擦或侵扰这类不太严重的威胁,如果出现在个别场合,还不足以影响到中等强国的核心利益,而一旦大规模出现则会沉重打击中等强国的信心,弱化其经济地位。也许某个中等强国并不是好战分子,但如果其海上资产卷入到大规模战争中,那么她们面临的威胁则同样会极其严重。即使在相对和平的条件下,中等强国的资源勘探设施也可能由于对方利用国际法漏洞提出的各种领土主张和采取的强制行动而受到威胁。如果中等强国自身卷入到冲突当中,其所面临的上述威胁将更加严重。超级大国和中小国家所产生的威胁在严重程度上有很大区别。中等强国的陆地资产、资源和人口也会受到来自于海上的威胁,其形式从小规模袭扰到大规模核威胁都有可能出现。

在讨论中等强国如何应对面临的海上威胁之前,还需要说明一点:通常威胁被认为是"隐蔽""潜在"或是"能力与企图的综合体"。以笔者的经验来看,这种观念常常会造成一种暗示:此类威胁无需理会。然而,军事力量的建设需要相当长的时间和大量资源,因此这种暗示是有害的。说敌方意图可以一夜之间转变或许有些夸张,但是说潜在威胁可以在短时间内转变为现实威胁却毫不夸张。政府不仅有义务处理那些现实的紧急状况,还必须针对那些被定性为潜在或无需多虑的威胁,建立一套力量体系,以备不时之需。

中等强国面临的难题

建立上述这样一个力量体系说起来容易,做起来却很难。中等强国在此过程中面临的一个基本问题,就是如何利用自身力量来应对其利益的脆弱性,以及由这种脆弱性导致的各种威胁,而在解决这些问题的过程中又会出现一些衍生问题。

由于军事手段代价高昂,因此只能利用它来保卫国家利益不受侵害,而不能直接用来增进国家福祉,因此利用其他手段减少或是消除威胁就变得颇具吸引力了。有一句名言:"贸易能够自我保护",其实不无道理。日本的防务政策就有朝这个方向发展的趋势①。进一步讲,如果一国对他国变得不可缺少时,一旦其遭受打击就会对整个公共利益造成损害。换句话讲,如果一国在世界经济领域占有极其重要的地位,而其他国家尤其是发展中国家在经济方面都依赖其发展,那么任何针对该国的敌对行为都需慎重。

除日本以外,像法国、联邦德国、意大利和巴西这些国家,也在积极抓住机会扩大自身在本地区的影响。此外,民用核技术和重要武器装备交易所形成的经济依赖关系,对输出国来讲也是一种有效慑止输入国敌对行动的手段。同样,教育方面的合作也可以有效减少威胁,而且更为符合人们的意愿。外交上的合作也是如此:通过各种国际会议或联合国机构建立的各种复杂国际关系也是非常有用的。这也是为什么美国、英国、联邦德国之间由于开采矿石利益不均而引起不满,最终导致拒绝签署1982年海洋法公约,这一举动对其中非超级大国的利益损害更大。

因此,中等强国可以选择非武力方式将自身面临的威胁降低到最低限度,其中有些手段因与商业贸易有关,在应对海上资产遭受的小规模威胁方面颇为实用。有些中等强国可能会认为,由于威胁的分散性,再加上自身努力,足以消除对核心利益的威胁。目前只有日本和联邦德国的少数人认同这个结论。

---

① Shimpei Fujimaki, 'Japan in the Eastern Sea', paper given at the Ninth Greenwich Forum, September 1983.

然而，根据近来的经验分析，上述结论可能站不住脚。比如，英国海事学院出版的《海道》月刊（一份专业性刊物）在1983—1984年间，有9期通过例证谈到了对英国及其他国家海上贸易运输活动的歧视、限制、海盗行为和暴力行为①。那些船员和船主向来都不相信什么"贸易自我保护"之类的说法，他们需要的是更多的保护措施。当然，他们也清楚很多情况下并不适合动用军事手段，而且有些时候最好将冲突限制在一定范围内，但是为了使自己感觉更有底气，他们又要求一旦局势恶化必须动用国家力量来维护其权益②。

如果对抗其他威胁，情况就更加明了。即当威胁的军事色彩越浓，当局越不可能采取军事手段解决问题；但是，局势越紧张，越需要花大力气在军事上运筹帷幄。另外，有些特殊因素，比如中等强国本土距事发地点的距离以及敌国拥有的特殊能力等，都加剧了解决问题的难度。这就像连绵不绝的山脉，一山更比一山高，一山更比一山难以翻越。当看上去已到了最后一座山峰时，却又有一座更高、更加神秘莫测的山峰出现——这就是来自超级大国的威胁。

本章已提到超级大国具备的威胁能力，不过这里还需再次提及。目前，美国拥有14个航母战斗群、34艘弹道导弹潜艇、93艘核动力攻击潜艇、超过60艘远洋两栖舰艇和195 000人的

---

① *Seaways*，January 1983，p. 20；February 1983，p. 16；May 1983，p.23；June 1983，pp. 5‑10；September 1983，p. 23；December 1983，p.21；July 1984，p. 4；September 1984，p. 27；November 1984，pp.3‑4.

② 例如，从1980年到1985年美国、英国和法国战舰对霍尔木兹海峡的阿尔米利亚巡逻（Armilla Patrol）。

海军陆战队[①]。而苏联拥有 4 艘航空母舰、64 艘弹道导弹核潜艇、300 艘攻击型潜艇(其中 64 艘装备有反舰导弹)、37 艘巡洋舰(其中大部分装备有导弹武器)、80 艘两栖舰艇,还有 4 500 人的海军陆战队[②]。

不过,上述简短的数量描述在具体到对中等强国的威胁时要考虑到两个限制条件:首先,不管国际局势如何缓和,两个超级大国都在一定程度上以对方为首要关注对象;第二,军力分布的分散性(尤其是苏联海军,由于地理和战略环境的制约,分为了 4 个舰队)在一定程度上也减弱了超级大国对中等强国的威胁。

说这些只不过是一种自我安慰。以超级大国强大的常备军力加上其机动能力,来对付一个中等强国,结局根本没有什么悬念。

面对超级大国的威胁,中等强国几乎没有选择的余地。面对威胁她可以选择屈从,但这样将会损害自身利益,而且损害一旦开始就将变本加厉,就算其核心利益起初没有受到损害,但也是迟早的事。另外,中等强国还可以选择与其目标一致的中小国家结成联盟,但这种由弱小国家构成的集体安全体系历来就没有什么好效果。更何况,一支仓促纠集起来的海上武装毫无实际效益可言[③]。即使是联合国此刻也解决不了什么问题,尤

---

① *Combat Fleets of the World 1984—1985*, pp. 821 - 823; *The Military Balance*, 1983 - 1984, p.8.

② *Combat Fleets of the World 1984—1985*, pp. 671 - 673; *The Military Balance*, 1983 - 1984, p.17.

③ L. B. Namier, *Diplomatic Prelude 1938—1939* (Macmillan, London, 1948), pp. xvi and 91 - 95.

其是在两个超级大国都是安理会常任理事国,且拥有否决权的情况下。

结盟

如此一来,就仅剩下最后的选择了,因为这种选择太过明显,中等强国的官方文件很少对此提出异议①。这就是——当面对超级大国威胁时,需要协调另外一个超级大国出面进行制衡。

大多数中等强国都有一套正式的机制,来确保一旦需要就可以争取某个超级大国的干预。不过,该种机制的正式程度、超级大国所作的承诺以及其他一些具体情况却是千差万别。

英法作为 1949 年《北大西洋公约》的缔约国,都将自己绑在了美国这辆战车上。在她们看来,对其中任何一方的攻击都会被视为对所有缔约国的攻击,这一点非常有必要,特别是其中包括使用武力手段。

该公约适用于北大西洋区域,也就是公约第六条所说的缔约国领土、北回归线以北的北大西洋区域所属岛屿和缔约国在上述区域的舰船、飞机。为了履行条约的相关内容,北约建立了一个完整的军事组织结构,在此后的 36 年中该组织不断发展,目前已成为一个包括政治、军事高层委员会和国际军事参谋部在内的集政策、计划功能于一体的联盟体系。其作战指挥体系包括 2 名最高司令官、6 名统帅和若干分区司令官及相应的参谋人员。

对于存在各种延伸利益的那些中等强国来说,有一点非常

---

① 例如,作为北约框架的重要内容美国参与西欧防御,并未在 Cmnd. 9227‑1, *Statement on the Defence Fstimates 1984* 中提到,而且,根据笔者记忆,多年来已经没有这一提法。也许是因为有些国家对此感到讨厌。

有意思：按照公约规定，在特定区域内，中等强国可以得到超级大国严格的承诺，但在区域以外则什么保证也没有。为了将法属阿尔及利亚纳入到北约保护范围，在法国的一再坚持下，"北回归线"这一限定条件在北约最初的一系列谈判中也经历了奇怪的演变过程①。

面对这些情况，英法都没有公开表示不满，而 1966 年法国退出北约也是另有理由。事实上，法国的举动使得北约内正式联系趋于松散，同时也为其在北约之外采取更加独立的立场做好了铺垫。1968 年以前，英国一直在北约范围外奉行独立于美国的防务政策。由于当时苏联海军刚刚走向远洋，英国还拥有足够的资源坚持"自力更生"。不过自那以后，政策制定者们逐渐感觉通过"配合"（或是"补充"，这里的用词经常存在争议）美国在北约以外的行动，英国无需各种承诺就可以在必要时得到美国的大力支持。

1960 年日本与美国签署了相互合作与安全保障条约。条约在基本内容上与同类条约大同小异（"各缔约国宣誓在日本国施政的领域下，如果一方遭到武力攻击，依照本国宪法的规定和程序，采取行动对付共同的危险。"②），但在某些具体安排上却有所创新。首先，为了满足日本的要求，1956 年的基本政策宣布日美双边协定的履行要持续到联合国能够为日本提供足够的安全保证为止③；其次，尽管日美之间没有设立正式的指挥机

---

① Sir Nicholas Henderson, *The Birth of NATO* (Weidenfeld and Nicholson, London, 1983), p.81.

② Treaty of 19 January 1960, Art. 5.

③ J. W. M. Chapman, R. Drifte and I. T. M. Gow, *Japan's Quest for Comprehensive Security* (Frances Pinter, London, 1983), p.58.

构,但却建立了几个部长级甚至更高级别的委员会,通过频繁会晤讨论安全问题和驻日美军地位协定的实施问题①;最后,随着1970年尼克松主义的出台,美国的防务承诺逐渐淡化,日本也渐渐在所谓的"保卫海上交通线"战略上采取更加自主的立场。为此,1981年日本将海上护航范围扩展至距本土1 000海里②,不过具体实施中还有很多障碍③。

印度是本书列举的中等强国中唯一主要依靠苏联的国家。促使两国1971年签署友好合作互助条约的原因非常复杂,限于篇幅在此不作赘述。不过有一点需要明确指出:虽然印苏合作的最初动力来自其他方面,像20世纪60年代与中国的冲突、中巴同盟的建立以及英美无意与印度为伍等等,但是如今两国的协定却逐渐转向应对经由迪戈加西亚岛补给的美国海上武装力量的威胁上,该岛一直被印度视为传统势力范围④。

然而,有迹象表明,印度并不像英国或日本依附美国那样依附于苏联。一些权威的印度学者尽管视美国为主要现实威胁,但同时也注意到美苏在印度洋政策上某些一致性⑤,印度海军

---

① Japan, Defence White Paper, 1981.

② I. S. P. G. Cosby, 'Self-Defence as a Basis for Maritime Forces', Gosport Seminar 1982.

③ Lieut. Joseph Bouchard and Lieut. Doug-Las J. Hess, 'The Japanese Navy and Sea Lanes Defence' in US Naval Institute, *Proceedings*, March 1984, pp.90 - 97.

④ P. K. S. Namboodiri, J. P. Anand and Sreedhar, *Intervention in the Indian Ocean* (ABC Publishing House, Bombay, 1982), pp. 129 - 130.

⑤ A. Kapur, *The Indian Ocean: Regional and International Power Politics* (Praeger, New York, 1965). p. xxiv.

则更看重本国的不结盟立场①。另外,印苏条约的部分措辞(如"缔约国一方遭受攻击或威胁时,各缔约国应立即进行相互协商以消除威胁并采取适当有效之行动确保各国的和平与安全"等②)也有些模棱两可。

巴西凭借与美国的一系列条约来获得超级大国的支持。不过这些条约措辞也不是那么严格,而且两国之间并不存在一个常设军事机构。这些条约包括《查布尔特佩克法案》(1945)和后续的《里约条约》(1947)以及后来的《美洲国家组织宪章》。这些条约包含了南美洲的大多数国家,其中后两个条约还包含很多加勒比和中美洲国家。

巴西作为缔约国中最强大的非超级大国,其地位也有某些特殊性。一方面,巴西的武装力量,尤其是海军同美国进行联合演习的频率比其他任何国家都高,人们普遍认为巴西比域内其他国家更有能力对南大西洋区域发生的紧急事件施加控制。另一方面,在美洲国家组织与美国两家政策不一致的方面,巴西显示出独立的思维方式,对可能卷入涉及美国的全球冲突则会小心翼翼。不过,卷入此类冲突只是与超级大国结盟的代价之一,后面的章节还将对此进行论述。

澳大利亚和新西兰则把自身安全建立在《澳新美安全条约》的基础之上。与日美条约类似,各缔约国一致同意在其领土、所辖岛屿、武装部队、在太平洋航行的民用船只或飞行器遭受攻击

---

① Admiral S. N. Kohlr, lecture Ⅱ at the Indian Naval Staff College, 1979; letter to the author from Vice Admiral M. P. Awati, 16 August 1984. See also J. Larus, *US Naval Institute Proceedings*, March 1981, p.79.

② Treaty of 9 August 1971, Art. 9.

时一致行动。尽管 1980 年以来澳大利亚的国防政策越来越多地强调自主性,并逐渐摆脱其先前对超级大国盟友的依赖,但很显然她仍旧无法单独应对超级大国的威胁①。由此,中等强国的又一个难题产生了:怎样既能保证超级大国盟友在紧急状态下的有效干预,又防止对其产生过分依赖呢?

以色列在此提供了一个目前为止最极端,也是最有趣的例子。她不是开始于某项条约,而是始于 1950 年以色列独立战争后期停火线划定后美英法的一项三方承诺。当时,三个列强只是保证停火线不会被强行改变,而后这种关系通过一系列的战争、征服和进一步的谈判与协商而得到不断发展。但是,美国现在给予以色列的也只是绝对的生存保证,而非支持以色列的所有行为。不管这种模式与其他超级大国—中等强国关系模式有什么相似之处,在实际操作中的确是与众不同的,而以色列也一而再,再而三地将这种对自己生存权利的保证,用作对其自由行动的保证。

以色列与其超级大国盟友的关系还有另外一个特点。上述所有中等强国都和苏联没有共同边界,除了以色列,其他国家面临的苏联军事威胁大部分来自于海上。以色列看上去有自己的想法,其海军力量结构显示出她对部署于地中海的美国海军第六舰队威慑能力的强烈依赖,而且她坚信如果苏联出面干预,也一定会通过对叙利亚或是黎巴嫩来对其进行空中支援。

尽管与超级大国结盟存在各种难缠的问题,中等强国在感觉自身受到某个超级大国威胁时,还会着手与另一超级大国结盟。这种结盟既存在于海洋领域也适用于其他领域,不仅可以

① Noel Butlin in *Australian Defence Policy for the 1980s* (ed. O'Neill) (Australian National University Press, Canberra, 1978), p. 97.

对付来自海上的战略核威胁（由于消极安全保证的存在，这种威胁可能并不在有些中等强国的考虑范围之内），也可以应对其他多种威胁①。

如前所述，结盟的正式性与否存在很大差异。像以色列这种对盟国依赖性很强的国家，获得的以条约形式明确的严格保证也是最少的。发展中国家更倾向于选择那种相对松散的体系以维持其独立形象（当然，这不仅是做给自己看的）②。发达国家也对依赖关系较重的联盟感到不满。

即使面临最严重、最致命的威胁，明智的中等强国也会努力寻求一种既能维护自身最大限度的行动自由，又能提供基本安全保障的解决办法。围绕在条约或是协定周围的力量体系远比形式要重要，这种力量体系不仅包括中等强国与其超级大国盟友，还包括超级大国的对手。

如果中等强国面对的仅仅是超级大国的威胁，而且总可利用上述方式进行应对，那么这个世界就太简单了。而事实并非如此，还是斯坦利·霍夫曼（STANLEY·Hoffmann）在国际战略研究学会1980年年会上的分析报告一针见血：力量与威胁的形态不仅仅是复杂的，而是越来越复杂③。

---

①　"消极安全保证"是所有核武国家使用的一个术语，它们声明在一定条件下不会对无核武国家采用核打击行动。不同的核武国家，这些条件也有所不同，可能包括：要求成为《核不扩散条约》签约国，不允许自己领土出现核武器，不跟核武国家正式结盟，等等。

②　James Cable, ' Interdependence — A Drug of Addiction?', *International Affairs*, Summer 1983, p.372.

③　Stanley Hoffman, 'Security in an Age of Turbulence: Means of Reponse' in International Institute for Strategic Studies, Adelphi Paper No.167, pp.2 and 5-6.

很难说海上的威胁或冲突是否更容易涉及非超级大国。不过毫无疑问这种威胁对非超级大国来说是存在的,这类冲突也是发生过的。回顾整个 20 世纪 70 年代的海上冲突就可以看出,有 20 场冲突牵扯到超级大国,而有 32 场则没有超级大国的参与①。

如果在应对其他中等强国或是小国的海上威胁时,一个中等强国依然依赖某个超级大国,那就要陷入麻烦之中了。首先,超级大国提供的援助会很不适当。尤其是美国,在处理这类问题时往往会出手过重,进而给各方关系造成不必要的损害②;其次,如果一个超级大国干预本地区争端,将引来另一超级大国对本区域的注意;第三,超级大国自身也不愿以这种方式维护其地区利益。众所周知,中央条约组织(Central Treaty Organization)主要是为了抵御来自苏联的威胁,而在巴基斯坦这样的核心成员那里就很不受待见,因为巴方认为该条约还应该保护其免受来自印度的威胁。这个例子有着非常深远的意义,而且它绝不是孤立的③。

尽管中等强国可能会依靠超级大国盟友来应付广泛的来自非超级大国的海上威胁,或许也会利用其塑造一个稳定的海上环境,但是利用超级大国来应对更加具体的或是家门口的威胁就不太可能了。那么,还有其他方式来应对这种威胁

---

① Cable,*Gunboat Diplomacy*,pp.249-258.

② 同上,p.253;"马亚克斯号"事件中,美国于 1975 年 5 月 12 日成功夺回了商船,但是造成的伤亡人数与这场冲突的规模似乎不成比例。

③ 引自 Alan Dowty,Shai Feldman 在文章'Super Power Guarantees in the 1980s'(Adelphi Paper No.167,P.39)中写道,自从 1815 年以来的 104 项大国承诺中,只有 17 项针对的是地方威胁。

吗？有两种可能的方式：一是依靠国际组织，二是依靠非超级大国联盟。

国际组织，不管是区域性的还是世界范围内的，都为和平解决争端提供了广泛的途径，只不过其成员国很少加以利用。诚然，仲裁公断需要双方努力，但事实常常是一方或两方都不愿尝试利用这一方式来解决问题。因此，中等强国不可能依靠这样一套体系来减轻自己所面临的威胁，当然，这也包括来自海上的攻击或入侵。在过去的40年中，陆上冲突中曾有一些国际组织的干预，然而在海上冲突中其干预纪录一直是零①。

非超级大国联盟目前世界上还很少。有的也主要是老牌殖民国家与其过去的附属国之间的某种关系，而且逐渐弱化了彼此间遭受攻击时的互助承诺。在中南美洲，也确实出现过有别于庞大而低效的美洲国家组织的小型国家集团，其针对性、目的性也更强②。但是与1914年之前或是1939年之前那种复杂的极具影响力的多极联盟体系相比，它们还差得很远③。

个中缘由实在难以确定。也许各国通过大型国际组织寻求合作，追寻许多国家所宣称的和平共处的愿望，比那些愤世嫉俗的观察家所认为的更加真诚；或许大多数国家过多地被国内事务所累，根本无暇进行复杂的谈判，进而建立一个也许根本指望不上的联盟体系；或许在很多国家政府高层看来，其外部威胁远

---

① 尤其是联合国维和部队，不过非洲统一组织和美洲国家组织曾零星地出兵干预过。

② *The Military Balance*，1984—1985，p.114.

③ 正如在诸多涉及中国的事情上，巴基斯坦与中国的关系以及中国对印度洋地区整个权力结构的深远影响都是独一无二的。这肯定不只是中等强国的关系。有鉴于此，中国扮演的是超级大国的角色，印度就持这一看法。

远没有大力宣传鼓励公共消费那么紧迫;或许这种联盟体系对其成员,尤其是对处于复杂多变的国际形势下的发展中国家而言,所做出的安全承诺根本没有什么吸引力;或许任何潜在的联盟内部都缺少足够的信任。

不管哪种原因,看上去中等强国在面对海上或是来自海上的威胁时,似乎没有任何正式的联盟体系可以指望。当然,这不能说明一旦冲突或对抗发生时,各种正式或非正式的联盟不会进行干预。与超级大国联盟一样,这将是一个联盟内部力量如何组织和运行的问题。

第二部分　制定战略的关键：
概念和装备

一、基 本 概 念

由于仅是提出高度抽象的概念，而非具有可行性的战略，海权理论家们经常受到责备，尤其是来自其他海权理论家的责备[1]。然而，很多情况下这种指责又都是正确的。对海权进行系统研究之初，时代背景相对单一，简单的格言适用于当时的那个时代，而马汉就是一位擅长提出格言的人。过了几个世纪以后，面对日益复杂的现象这些口号就显得陈旧无用了。尽管人们也曾试图对这些格言进行创新或修正，但与其原创者自信的断言相比，它们受制于限定条件和令人怀疑的普遍性，就像是苍白无力的警句。这些格言越明确，就越表明它们被贴上了"仅适用于超级强国"的标签；而中等强国在制定战略规划时，只能面对含糊不清的理论基础[2]。

众所周知，战略应当与现实情况和未来可能发生的意外事件相适应。战略应当将利益、威胁和资源统筹进行考虑，并着眼

---

① G. Till, *Maritime Strategy and the Nuclear Age* (Macmillan, London, 1984), p. 90; J. Cable, *Britain's Naval Future* (Naval Institute Press, Annapolis, 1983), p. 43.

② P. M. Kennedy, *The Rise and Fall of British Naval Mastery* (Allen Lane, London, 1976), pp. 337ff.

于国家安全和社会福祉进行平衡和调整,然而在具体实施中却面临诸多局限。不依赖现有的概念工具,试图通过对总体形势进行分析研究来形成战略,如同脱离事实来推导理论模型,是非常麻烦和危险的。应该说,有一些概念还是有助于中等强国构建自己的海上战略的,本章将对其进行论述。当然,还有一些不太实用甚至容易产生误导的概念,应谨慎借鉴或弃而不用。

威慑

威慑作为一种战略思想现在已经非常普遍了。它不仅被西方的国防政策起草者普遍使用,甚至也被包括非结盟国家的那些人采用。关于威慑战略的范例甚至也越来越多地出现在苏联的著作中,虽然在苏联的军事学说中它并不处于重要地位。

虽然"威慑"(deterrent)以前曾作为形容词(译者注:即"制止的、威慑的")使用,但战略环境下的威慑和威慑手段(作为名词)①似乎在 20 世纪 30 年代初才出现②。这种思想几乎和战略本身同样古老:通过进行军事准备,使潜在对手认识到军事行动不会给她带来利益。原子弹由于能大范围摧毁生命和财产及其不可预料的后续影响,吸引了一些政客和战略学家的眼球,极大地促进了威慑思想的普遍应用。20 世纪 40 年代末,巴鲁克和丘吉尔的演讲以及斯莱塞(Slessor)③的著作在原有基础上创新和充实了威慑思想。

在接下来的 40 年中,情况逐渐变得复杂起来。首先,"威

---

① *Oxford English Dictionary Supplement*(1972),p.784.

② C. Barnett,*The Collapas of British Power*(Methuen,London,1972),p.473.

③ 斯莱塞:1897—1979,英国皇家空军元帅。——译者注

慑"被专门指代核打击，这造成了极大的混乱。原子武器及其运送方式通常被特指为威慑手段，造成了许多曲解和差错，尤其是在军队体制和预算方面。大规模报复理论和 1957 年英国《国防白皮书》中的桑迪斯（Dun Cau Sandys）时常①过多地将核打击赋予了威慑功能，而实际上它并不能完全胜任。城市化程度非常高的法国对于遭受攻击的态度非常明确，就是进行核报复，这种误解可能仍然会有存在的空间。

其次，从另一个极端角度看，除了超级大国，其他任何国家在威慑的范围和复杂程度等方面无论做好怎样的充分准备，都无法阻止潜在对手对其采取军事行动。例如，英国就不可能阻止中国以任何军事手段对香港的攻击。以巴西目前的状态，只能考虑威慑周边地区和实施传统方式攻击的可能性。尽管威慑的力量离不开武器装备，但由于它在所有层级的潜在冲突中都会发挥作用，所以威慑能力建设也要从这个层面进行规划和考虑。"天衣无缝"式的全面威慑理论对于中等强国来说，或许只是个幻想，而无法成为现实。

最后也是最重要的一点，这个理论已经普通得近乎陈旧，以至于经常被人忽视。在战略层面的争论中，特别对于外行人而言，往往倾向于讨论军事机构、作战武器和系统以及作战方案等，而不会对它们的威慑效果进行阐述。当然，作战效能和造成无法接受的伤亡的能力是威慑的基础，从对手的角度审视该问题、将对手的关注点纳入考虑范围，并评估其影响，也是非常必要的。

---

① 桑迪斯：曾任英国国防大臣，认为空中作战已经过时，导弹可以制胜。——译者注

海洋统治和海洋控制

统治海洋这个说法已经过于陈旧了。蒂尔①（Geoffery Till）已经把它的实用性分析得非常透彻，这里没必要重复进行分析②。纵览所有海权理论中颇有创见的思想和观点，可以将其归结为：统治海洋是相对的和局部的，而非绝对的和全面的。其根源在于世界各国在海上关系的本质。海洋宽广无边，海岸线绵延漫长，海上兵力不可胜数，并且在规模、力量和机动性方面千差万别。国家众多，对手情况和敌视程度也各不相同。不论哪个强国，妄图于任何时间、任何地点在海上滥施淫威是根本不可能的。风帆时代因受限于帆船速度、视野范围、火炮射程以及规模数量，情况曾是如此。运用帆船可以封锁战略性港口，控制关键海峡，保护重要运输船只，威胁和孤立对敌方海岸，但这些举措并非任何时候都行得通。当前，海上的威胁和冲突已经扩展至四维空间：水面、水下、空中和外太空③。在上述四维空间中都有手段可以使用，也可通过现代的通信方式进行联系和协调，从而为在海上诉诸武力提供了更有力的选择。当然，这同样也给对手提供了更多的机会。因此，绝对和全面的海洋统治越来越行不通了。

这样，就出现了另外一个更为有限的概念：海洋控制。这个概念产生于美国，对那些认为美国战略思想趋于专制主义的观点也许是个反驳。艾格尔（Aigner）和斯坦菲尔德·特纳

---

① 蒂尔：Geoffery Till，伦敦大学皇家学院教授。——译者注

② Till, *Maritime Strategy and the Nuclear Age*, pp. 128 - 132.

③ Vice Admiral Pierre Lacoste，在 *Stratégie Navale*（Nathan, Paris, 1981），pp. 65 - 79，中称之为"dimensions"，可惜的是这个词在英语中的使用有限。

(Stausfeld Turner)将军是这一思想的倡导者,艾格尔提出"海洋控制"最具可行性的情况,即"高度的自由实施作战的能力",而特纳则将"海洋控制"限定为"在有限区域内保持一定时间的控制"①。

这里的有限区域当然是动态的②。可以部署作战编队和两栖部队或在可能存有威胁的地方护航来进行"控制"。同样,区域也可以是固定的地理位置,许多中等强国或小国通常希望使用非常有限的手段并在邻国的帮助下控制沿岸海域,至少控制水面和空中。大家都知道,苏联将巴伦支海(现在也许还包括挪威海)视为基地并试图实施控制,主要是为了部署弹道导弹潜艇。

对于"海上统治"这一概念遭到摒弃,中等强国当然会很高兴,因为她们能够接受像"海洋控制"这样更具变化性和灵活性的思想,同时这一思想是行动和威慑的基础,而这一基础恰恰根植于海上力量的核心：海洋利用。

海洋利用

"利用海洋的能力"反映了海上力量的大小,以笔者的观点来看,这种观点不无道理③。就像第三章所论述的那样,平时状态下通过利用海洋可以带来巨大的经济财富,并且使国家在相互交往过程中获得巨大利益。但是在对抗和冲突中,价值标准

---

① 引自 Till, *Maritime Strategy and the Nuclear Age*, p. 189.

② Rear Admiral M. LaT. Wemyss, ' Submarine and Anti-Submarine Operations for the Uninitiated', RUSI, *Journal*, September 1981, p. 26.

③ J. R. Hill, *British Sea Power in the 1980s* (Ian Allan, Shepperton, 1958), p. 1.

会变得更加残酷,胜利的果实会更加弥足珍贵,同时失败的代价也会更加沉重。从伯罗奔尼撒战争到福克兰群岛战争,利用海洋的能力尽管在成功的战役中并非普遍,但也是相当常见。它能够让那些自给不足的单位(包括国家、守备部队、远征部队)得到补给,也是那些比较容易受攻击的国家保持领土完整的重要手段。

在经济方面利用海洋,包括进行海上贸易和商业往来,以及在水下和海洋底土进行资源开采①。海洋资源开采的一个显著特点是,虽然它在水下进行,但往往还是依靠水面手段来达成目的。渔船是航行在水面上的,石油钻探平台也处于海面上,几乎没有人在水下进行捕鱼或抽取石油的活动。即使有,持续时间也很短暂。因此,对海洋资源的经济性开采基本上都是在海面上进行的。

最古老的海洋经济用途也是经由海面,即各个国家之间在海洋沿岸进行贸易。十几年前,人们曾热烈讨论过水下货船,也产生了许多巧妙的想法和设计。但事实证明这是不经济的,估计以后也会是这样。

从最广泛的角度看军事方面的海洋用途,海面仍然处于首要地位。准备作战并得到后勤支援的大型编队只能在海面上展开;空运可以安排相对较多的人员,但不能承载重型装备;潜艇能搭载的人数就更少,封锁或控制运输船只的作战行动也需要水面舰船的支援。整个过程中,可以在水面进行的

---

① 海洋上空的交通当然重要。但是,它受复杂的控制和管理的制约,尽管在领土主权方面受国际法的支配,但是在实际上超越了陆地上空和海洋上空的差别。因此,这里不探讨这一问题。

行动越多，就越经济。发生冲突时，不能自给的国家、军港和部队想要持续作战，也必须通过水面进行补给，通过空投或潜艇补给就能满足需要的案例极少，从根本上说这两种方式都是十分受限的。

因此，可以说海洋利用主要是使用海洋水体的表面。这也没什么奇怪的，因为人类本身也是在界面上生活。但同时也产生了很多问题，因为对于海洋拒止而言，海洋利用是非常脆弱的。

海洋拒止

对敌方进行海洋拒止就像罗斯基尔（译者注：英国历史学家）的经典定义所说的那样，通常被视为控制海洋为己所用的对立面①。但从历史学和地理学两个角度来看，这样断言过度简单化了。无论是否赞同麦金德②的地缘政治学观点，即中心地带和边缘地带学说，在任何现实的冲突和对抗中弱化甚至剥夺一方使用海洋的能力，对于作战双方会造成明显不同的影响。德国对英国、苏联对美国、印度对巴基斯坦、锡拉库扎对雅典，无论历史上发生过的还是构想中的事件，类似的例子不胜枚举。两伊战争中双方势均力敌，这是我们能看到的最新战例。双方都认识到海洋利用的重要，也都有一定的海洋拒止能力，但这场战争仍旧暴露出伊朗的海洋依赖度比伊拉克更强烈这　明显的不平衡。这种不平衡使得这场战争仅仅局限在海湾西北部的一

---

①　'The function of maritime power is to win and keep control of the sea for one's own use, and to deny such control to one's adveraries'： S. W. Roskill，*The Strategy of Sea Power*（Collins，London，1962），p.15.

②　麦金德（1861—1947），英国地理学家与地缘政治家。本来是地理学家，后来也介入政治理论与经济学。——译者注

小片海域,战火没有向更广阔的范围蔓延。尽管这并非说明此事实与海洋的利用和拒止有关①,但是对于海洋利用和拒止需求的不对称显而易见。

于是,海洋拒止可能成为所有国家主体在某场争端任何一个层级中使用的策略,而不再作为海洋利用或海洋控制的补充性需求。它可能用来作为保证在该海域或其他海域利用海洋的手段,失败的敌人不会再成为威胁。从这个角度看,在南大西洋中击沉"贝尔格拉诺将军"号是为了保证英国在所宣布的禁航区内利用海洋,而在禁航区外实施海洋拒止。但通常来说,通过海洋拒止将敌人赶走,进而实现自由利用海洋,对于态度坚决且资源丰富的对手来说基本没什么效果。两次世界大战中,进攻性反潜作战的失败就是例证②。所以,海洋拒止通常是那些较少依赖海洋或海军力量较弱国家的策略。

但目前来看,这个原则还是有一定的局限性的。21世纪初飞机和潜艇的发明,以及最近40年来导弹的出现,意味着海面上的作战力量除了其"同类"以外,还面临着来自于海洋和天空的攻击,这使得维持海洋利用变得更加复杂。在特定区域或某个时期,特别是对于那些潜在冲突和有限冲突而言,优势海上力量和劣势海上力量的区分将变得毫无用处,从而增强了海洋拒止的效果。

对于中等强国来说,可以从两个方面来认识这些新生事物。一方面,在计划或预定的有利环境中,能够对一个实力明显占优

---

① *Strategic Survey*, 1983 – 1984, p.81.

② D. W. Waters, 'Seamen Scientists Historians and Strategy', Presidential Address to the British Society for the History of Science, 1978.

的强国实施海洋拒止，这是非常有吸引力的，其中包括从威慑到有限冲突等一系列情况。但另一方面，实力比自己弱小的国家也会沿着这一思路，巧施计谋以阻止中等强国利用海洋。在1958—1960年、1972—1973年和1975—1976年等3次所谓的"鳕鱼战争"中，冰岛先后成功地将英国拖捞船拒于渔场之外，且范围不断扩大。这是近年来"大卫和歌利亚"战术的经典战例①。

有两个因素限制了海洋拒止作战的吸引力。首先，误判造成的损失可能会非常严重。1982年，阿根廷军队也许认为他们能够拒止英国特混编队，或至少认为利用海洋的风险足以威慑英国放弃努力。正是由于这一误判，他们付出了高昂的代价。其次，在许多中等强国的冲突和纷争中，有大量随之产生的因素涉及其他对象和其他的力量形式。"鳕鱼战争"同样具有启发意义。正如凯布尔指出的，冰岛是英国的盟国，还在凯夫拉维克为美国提供了一个大型基地，并在更大背景下（不仅仅是渔业纠纷）占据了战略位置。这些因素对英国的影响要比对冰岛的影响大得多，强化了冰岛在海洋拒止中的优势②。从另一个方面看，"海峡沿岸"国家如西班牙、马来西亚和印度尼西亚等国，虽然多次宣布在公认区域外的更大范围内拥有权力，但迄今为止从来没有为维护宣言而进行海洋拒止。这有一系列的原因，包括国际法律谈判地位和西班牙希望加入北约③。

---

① Cable, *Gunboat Diplomacy*, pp. 23-24 and Appendix 1. 关于 1958—1960 年期间作战行动更为深入的分析可参见 J. R. Hill, *The Rule of Law at Sea*, Annex B.

② Cable, *Gunboat Diplomacy*, pp. 23-24.

③ Buzan, *A Sea of Troubles?*, pp. 28 and 41.

冲突层级

中等强国在规划其海上战略时,"冲突层级"可能是所有概念中最重要的。这与前面那些相对抽象的概念不同,它有助于为中等强国确定哪些需要自己去做,或者反过来说,中等强国可以确定通过所拥有的资源来做什么。

有关冲突强度已经没有什么新的思想了。从最早的中国战略著作者、希腊和罗马的历史学家,到克劳塞维茨、科贝特、利德尔·哈特和康①,到新生派作家如穆瓦纳维尔,这其中贯穿他们思想的主线就是冲突所要达成的目的以及在达成目的的过程中手段的局限性。但这种局限性恰恰也是战争法产生的基础。甚至在战火蔓延范围最大的一战和二战中,还有许多人质疑这种全民参战的战争、对胜利的渴求以及对于无条件妥协的坚持是否合理。如果说冲突的普遍形式是有局限性的,它的强度划分并非绝对,并且划分的档次取决于如何分级,这种说法就相对保险得多。

在海上比在陆上更容易确定这些层级。陆上冲突的主体是个人、自由运动、独立自主、数量众多、相对容易隐蔽,难以预测。如果军事力量规模庞大,特别是配有装甲部队和炮兵部队,当然相对容易识别,他们的行动也相对容易判断。但总体来说,陆上战场迷雾重重,冲突的层级也不容易判定。在海上,兵力单位相对较大,相互分离,且处于上级指挥机构的严密控制之下。水面兵力和空中兵力的位置和动向比以往更容易发现,但水下兵力就不那么容易被察觉和定位,这就包含了不确定因素。但总体来说,海上冲突的层级和强度在事件发生时,甚至在计划阶段就

---

① 赫曼·康,1922—1983,军事战略家和系统理论家,对美国的核战略发展贡献很大。——译者注

可以估定。

通过历史上发生的战例，对战争层级进行详细划分，并做到合适恰当、令人满意，是非常有吸引力的。但这样的划分可能会出现类似康理论中的问题，即层级分得过多。现实世界中，每一层级的合理定位在一定程度上取决于周围的形势[①]。所以，最好通过它的一般特点，将其置于一系列类似性质的战争中，来评定某场（历史上或设想的）战争层级，以从中分析计划的重要性。

另一方面，层级的数量不能太少，否则该方法会失去实用性。北约习惯上把作战等级划分为和平时期、紧张局势和战争状态。这种分类会让计划者忽视低强度、非和平的状态，这是目前海上冲突的典型样式；也会忽视危机时期零星敌对行动的状态，尽管它们并没有达到战争层级；最重要的是，还会忽视局部有战争迹象的状态，这时危机恶化，达到必须确定军事目标和政治目标的程度。在战略上考虑不周已经造成了大量看上去非常幼稚的计划和过度的储备。

所以，本书将要探讨的战争层级有四个，分别是正常状态、低强度作战行动、高强度作战行动和全面战争。它们将成为下面四章的主题。

作战范围

最后，在阐述其他概念之前要先说明一下作战范围，即：能够实施各类作战行动的区域到本土基地的距离。从某种程度上说，这是中等海上强国兵力结构中最具决定性的因素，其存在的局限性会极大地影响战略，它也将单独占一章。

---

① Herman Kahn, *On Escalation* (Praeger, New York, 1965), p.40.

二、正 常 状 态

"事实上,"休伯特·穆瓦内维尔说,"就当今世界的现状以及缺少防护的海洋空间而言,和平是根本不存在的。这个词主要是为了语言上的方便,用来描述我们生活于其中的永久紧张状态。"①有必要对这个绝妙的论述加以补充(有人可能会想,它不仅适用于现代,可能也适用于历史上的大部分时期),几乎可以断言,紧张局势在正常状态下肯定会被抵消。也就是说,国际形势是在谈判手段的辅助下以可控方式发生变化。除非达到国际社会认可的安全层级,否则不会使用武力。武力威胁限制在正常的威慑过程中。

在我们这个实力主导的世界上,要保持这种均衡状态,需要国家对力量(包括军事力量)储备和管理进行谨慎判断。对所有国家(包括中等强国)都通用的口号,肯定是加强战备。

战备

加强战备有两个原因。首先,威慑作为维持均势的理性基础,要求军队能够在涉及重大利益的相关军事行动中,采取可靠有效的行动。如果行动准备不充分,需要等待较长时间,那就不

---

① H. Moineville, *Naval Warfare Today and Tomorrow* (Blackwell, Oxford, 1983), p.9.

可能产生太大威慑。在 1939 年(包括 1939 年)以前和在埃及接管苏伊士运河之前的 1956 年,英国和法国两次准备都不充分,结果成为希特勒和纳塞尔决定采取行动的重要因素。在战略核武器方面,印度虽然几乎肯定能够制造核武器,但当前大家并不认为她具备核威慑能力,因为她没有处于战备状态的核武器①。

其次,现代战争的性质,是军队应该能够快速猛烈地实施打击。各种现代抛射武器,包括炮弹、飞航式导弹、机载炸弹、火箭、鱼雷、弹道导弹等,可以在几分钟内完成准备和发射,从战略层面看这几分钟就是一瞬间。战争需要较长时间进行准备,这是事实。但 1945 年以后的战争史表明,战备更容易在事后被觉察,在准备过程中还是较难发现的。所以,战备非常重要。在海上,并不需要经常进行部署性战备;海上兵力机动性强,在很多情况下只需保持存在即可,让潜在对手清楚你能够采取有效行动,不需要与其直接接触。

战斗力

战斗力是精心计划、高效装备、充分训练和严密组织的结果。因为规划,特别是战略规划,是本书的主题,要在之后几章再进行详细阐述,在此可以先谈一下其他要素。

1. 装备效能

装备效能,是海军战斗力的　个关键因素,其重要性在 19 世纪末的公众观念中可能达到了顶峰。战舰设计曾是大家争论的焦点,在英国和全世界都是如此。大家在不同背景下激烈讨论着装甲、弹药穿透力、作战半径、火炮控制等要素。在 1904 年

---

① G. S. Bhargava, *India's Security in the 1980s* (International Institute for Strategic Studies, London, 1976), p. 22.

的对马海战中,日本的技术优势被认为是东乡战胜罗热斯特文斯基的决定性因素,这给装备论者增加了论据。

虽然这种争论不再充斥一个个时髦的客厅,但今天仍存在类似的一种情况。现在,解决任何战术问题的技术手段多得出奇,这无疑意味着在作战中选择更好的方式可能会使战果截然不同。但是,将关于对手性质的太多假设纳入考虑范围,并过于依赖装备性能的技术预测——这些预测可能会实现,也可能不会实现——那么更好的选择是否是指更便宜、更可靠、射程更远、重量更轻、更灵活、智能程度更高,便成为争论不休的问题。

然而,做一两种归纳概括并非不合适。就装备的初期费用和维护能力而言,拥有国必须量力而行。因此,如果必须拥有复杂的装备,那也必须能够进行同样复杂的可靠维护和维修。鉴于中等强国对自主权的渴望,这种令人满意的售后服务不可能放到这个中等强国之外进行。这可能意味着中等强国不愿意从外部采购那些需要依赖外国进行后续维护支持的装备。此外,这意味着他们肯定至少会需要一个本土的海上基地,能够进行重要的维护作业。

同样的考虑也适用于库存储备:不仅对维护效能有重大影响的零部件,还有仓库、油料和弹药。一场冲突可能只花了很短的时间酝酿和准备,但是要应对这一冲突,也要安排好必要的后续补给。过去15年中,冲突的一个特点就是对各类储备惊人的消耗。对于寻求最大作战行动自由的中等强国来说,这可是个极大的后勤难题①。在最有利的情况下,在国内维持充足储备

———————

① Cmnd. 8758(HMSO, London),p. 25. 类似的经验教训可见诸于1973年的赎罪日战争和1971年的印巴战争。

的开支是巨大的,而拥有不同时期、不同产地的各种系统,会严重削弱国家的后勤能力。

2. 训练

无论一支部队的装备水平多高,如果操作人员的训练太差,那也无济于事。即使发明了"发射后不管"的武器,它们整体封装上舰,只需最低程度的使用检查和目标指示,在飞行过程中完全自主,但是需要人让它们投入战斗并发挥出最佳战术效果这一点也无法改变①。事实上,所有装备都需要熟练和认真的操作,武器平台必须能在最佳状态下发挥作用,这适用于飞机、舰船和潜艇。它要求操纵人员对机械和装备要有"感觉",这一点儿也不比往复式蒸汽发动机时代的要求低,需要将才智、操作和经验完美结合,这同样也适用于探测器和武器等具体装备。懂得如何将雷达、声呐、截听和通信装备发挥出最大效果,了解它们的局限性,知道它们何时效果不佳——这些只能来源于陆地和海上(或空中)的长期严格训练。

控制海洋的能力需要在船上拥有像陆上一样优秀的后勤组织,厨师、仓库管理员、医疗人员、消费服务人员都是关键人物。如果两栖部队的战士在登陆前一小时晕船,那他们的战斗力就会削弱,训练时必须将其考虑在内,使部队尽可能适应。

最后也是最重要的一点,只有优秀的军官、高级海军士官和军士才能进行必要的领导和协调;他们必须有才智、有积极性、操作熟练并关心部属的需求。对他们来说,任务不仅是操纵舰

---

① J. Ethell and A. Price,在 *Air War South Atlantic* (Sidgwick and Jackson, London, 1983)一书第 75 页提到,1982 年 5 月 2 日阿根廷出动超级军旗攻击机挂载飞鱼反舰导弹发起攻击,结果却因无法空中加油而取消;第 95 页提到一次导弹攻击并未找到目标。

船或飞机并在必要时投入战斗，还要将全体人员打造成一个团队，让每个人都为唯一的目标而努力。

这类训练并不是海上部队固有的特点。将船开到海里，勉强快速开动起来，随意进行射击，并不要求多高的战斗力，这非常容易做到。与之相似，只要有足够的技术进行安全起飞和降落，加上地面控制台能保证飞机返回基地，飞机就能飞起来，但是几乎没有任何有助于战争的战术技巧。此外，上述部队总是具备一些效能，外国情报可能会把他们评估为"效率低"或"训练水平差"，但这个作战序列仍然存在，不能无视①。但是，如果一个中等强国认为自己的海上部队应该处于这样一种状况，那当她意识到这些部队会被轻松消灭时，就会感到不安——这并不是理想的威慑状态。

3. 组织

真正优秀的个人，只要朝着共同目标努力，训练有素，装备精良，就很可能会使任何组织发挥效能。但是，甚至大公爵也说过："我只不过是一个人"。因此，一个组织机构能够编制合理，装备适当的通信设备，多数成员才会发挥最佳作用②。

要进行正确的作战行动，海上兵力需要对政治指示反应迅速，受上级控制要适度，在所执行的作战行动中得到最有效的协调，并得到从公众关系到资金的各种支援。这就是说需要民事和军事部门以及几个政府部门进行支援。军事部门通常横跨两个或者更多军种（典型的是海军和空军结合，有时还有海岸警卫

① Arthur J. Marder, *The Anatomy of British Sea Power* (Frank Cass, London, 1964), pp.261,277.

② Cmnd. 8758, p.16.

队、海军陆战队和陆军）。在福克兰群岛战争中，阿根廷的战斗组织被认为是失败的主要原因，因而受到批评。同样，战斗组织显然是英方自我满足的原因。

似乎可以肯定，组织体制对于战争胜利，进而对于战争潜力，都是非常重要的因素。然而，未来的对手要评估其效能并不容易。有时候，像以色列在突袭恩德培（Entebbe）或其他一些反恐行动中，组织显示了强大的力量，无疑增强了威慑力。有时，例如，在 1974 年土耳其占领塞浦路斯（Cyprus）北部之前，对方部队对作战反应的组织效能就较差。但通常来说，中等强国用于海上作战的内部组织是极其复杂的，对外国情报部门几乎是一个谜团，所以从威慑的角度看，它的特点并不明显。

情报搜集和监视

在正常状态下，情报可能会起到最直接的威慑作用。从各个方面来说，1977 年有关阿根廷对福克兰群岛具有某种意图的情报比较及时，所以英国政府能够进行威慑性部署，派出 2 艘护卫舰和 1 艘核潜艇，这些舰艇的存在就有可能在适当场合正式对外透露。而在 1982 年初，没有得到情报，也就无法利用情报。

此类作战情报是非常昂贵的，而获取的手段也是多种多样：外交资源；安插好的间谍；在水下、水面、空中和太空实施的监视；通信截听、解密和分析。上述任何一种手段都不便宜，而且如果情报要立即或在极短时间内进行分析和使用，这种手段的费用也会相应提高。中等强国需要精心评估此类情报的优先程度，并与其核心利益进行紧密结合。

然而，大量的情报搜集与其说是为即将来临的危险提供预警,还不如说是对潜在对手进行描述。在海洋范围内,这当然会包括他们的海上力量,或对海上事务有影响的所有其他力量,包括他们的编成、装备状态、组织、训练情况和作战方式。上述情报,如果相对完整,拥有者的军事实力就会倍增。缺乏上述情报,则会在冲突中造成不必要的损失。

搜集这种长期情报的开支,并不像短时敌情预警所要求的那么多。这可以更多地依靠与友好国家情报部门进行交流,因为这些国家搜集某些情报可能更经济。一些明显的情报,可以从公开的报刊和大量分析机构的出版物中获取。不过,这需要一个情报搜集和分析机构,费用绝不会低廉,而且,如果大量地搜集和处理原始信息,所需开支将急剧增加。问题是,正是这种原始信息,特别是如果它的来源可靠,能够提供对手想要的保密资料,才是最值得交换的。再强调一次,中等强国仍然需要仔细判断轻重缓急和合作伙伴。

1. 监视

监视可以看作情报搜集的一部分。在海洋环境中,它指对各种行动进行系统观察,目的是对迫近的冲突或危机提供预警,或增加情报库的资源。部分监视活动能同时应对两个目标。

对于中等强国来说,有许多监视方法可用,虽然由于经费原因,她可能无法独立地利用太空,但是在海洋领域具有丰富的潜力。因此,她必须谨慎评估需要监视的事件、监视频率和程度,以及需要多少后备力量来应对特殊情况。

需要监视的主要是那些可能损害国家利益和那些对完善情报库有重要促进作用的活动。因此,关注的区域必须包括所有管辖区,特别是那些有经济活动的区域。对经济活动的威胁通常是突然性的：偷捕的渔船、碰撞事故、遗弃物、破坏者。监视能够对那些有预谋的事件起到威慑作用，但无法威慑那些偶发事件。对于后者，它只能起到报告现场情况的作用。监视的频度遵循"收益递减"规律。从威慑的角度讲，如果能够覆盖一个地区的 10%，就能对除胆大包天者以外的所有人构成威慑，如果监视的体系和程序具有高度的随机性，那将会更加有效。此外，偶发事件通常会通过正常的紧急无线电呼叫迅速进行报告。

一般性巡逻或监视不可能对保护海洋环境产生任何有价值的效果，而是可能会被嘲笑为"寻找浮油"。通过科学方法进行长期监控和取样，然后进行分析，这样保护环境更有效。但这些几乎不属于监视的范畴。当然，出于其他目的进行的巡逻也必须警惕眼前的环境威胁，并及时进行报告。

有些中等强国可能会认为，外国军舰或辅助船只侵犯其管辖区会对自己的安全构成威胁。无论如何，她们都希望对这些部队实施一定的监视，这样至少能增加情报资料。丹麦、土耳其、西班牙和印度尼西亚等国肯定会对其毗邻海峡中的海军行动实施大量监视，正如英国和法国在英吉利海峡进行的监视一样。国际法没有要求船只通过时必须进行通报，但这并不能排除，更没有禁止对外国军舰、辅助船只甚至商船进行的监视活动。

监视可以远远超出实施监视国家的管辖区。除了自己的领海之外，只要能保证安全，外国海军兵力在其他任何海域的活动都是监视的对象。但是，这样做有时会遇到困难，因为其他国家的部队演习不容易预料。20 世纪 60 年代，超级大国海军和监视部队之间就曾发生了一系列意外事件，随后他们之间达成协议,要求遵守某些规则①。中等强国要想进行类似活动,同样也应小心谨慎。

很明显,秘密监视最容易获得有价值的情报。但是,如果被发现,局面会很尴尬。然而,鉴于已知的普遍监视水平和世界性的情报搜集,除非造成重大误判,尴尬局面通常既不会严重破坏关系,也不会造成冲突。

总之,如果监视系统井然有序,不为侦察对象所熟悉,接受指挥而不是漫无目的,选择合适的方式,那么监视活动就有可能最为有效。在上述原则指导下,中等强国仍然可以在这个费用昂贵的领域找到经济的措施。

2. 反情报

防止外国获得海上装备或行动方面的情报并不容易,特别是在正常状态下,通常无法反对监视活动。搜集情报的手段五花八门,而且可能存在的范围也很广泛,因此,如果有人极力想监视,那么部署在海面和空中的兵力肯定会处于他们的监视之下。甚至在港口或机场的兵力也很容易遭到复杂技术手段的监视,不过最容易识别的只是兵力的存在,而不是行动。

很明显,这种暴露只是程度问题。第一,相对于水面或空中兵力,水下兵力更难定位和跟踪,侦察所需装备也更加昂贵。第二,短时间的暴露对于潜在对手并不总是会产生有用的情报,因为他们手段有限,无法承担频繁的监视行动或搜集大量的人力情报。1974年,土耳其两栖部队入侵塞浦路斯,这次突袭的成功似乎在很大程度上应归因于希腊没能识破他们的前期准备,

---

① USA and USSR, Treaty on the Prevention of Incidents on and over the High Seas, 1972.

而且当准备工作最后已经很明显时，希腊还是行动迟缓，没能进行快速反应[1]。几乎也可以断定，英国对阿根廷的情报工作一直处于较低的优先等级，这使得阿根廷在 1982 年 3 月甚至更早的准备活动没有被察觉[2]。第三，战斗力的一些关键因素比另外一些更容易隐蔽。比如，敌对状态下使用的代号、密码、无线电频率和正常状态下不一定相同，一旦加以使用，在安全方面将发挥重大的作用。然而，不熟悉可能会使操作者和侦察者都受到影响，而且，突然的转换可能会使对手警惕到冲突将要发生。部分武器——尽管现在试验都会受到密切关注，数量并不多——但是如果投入使用，可能会被对手视作威胁。

总之，对于中等强国来说，在海洋领域隐蔽作战能力的机会非常有限。其海上活动越多，这种机会就越有限。隐藏意图没那么困难，但多数中等强国肯定要与其他国家建立紧密联系，并且多数中等强国都具有开放性，所以仍然需要特别注意。因此，中等强国必须非常慎重地确定哪些是需要保密的，以及在哪些领域这种保密是必要的。在短期内，无论是对政府，还是对操作人员和负责人员，宣传可能会令他们非常尴尬，但是一般而论，宣传的结果对被宣传的东西是有利的。正常情况下，展示海上的实力和意图比隐藏起来更为有利。

军事存在

在所谓"军事存在的角色"中，公开比保密的优势更明显。

---

[1]　*Keesing's Contemporary Archives* (Longmans, London)，NOS. 26661A and 26669；Thanos Veremis, Greek Security：*Issues and Politics* (International Institute for Strategic Studies, Adelphi Paper No. 179, 1982)，p.12.

[2]　Cmnd. 8787, para 318.

非常奇怪的是,海军军官使用"存在"这个术语比研究人员更频繁,后者倾向于更明确和基于任务的术语如"海军外交"和"治安职责"①。这未必是因为只有学术研究人员清楚而海军军官对此认识不清。学术研究人员习惯于分析具体行动的后果以及目标,虽然有深度,但经常是事后之见。海军军官则习惯于直接"到现场"的亲身经历。

因为大部分时间里,那就是军事存在的组成部分。它所带来的利益通常难以表述,也不可能量化。至少,它表明军事存在区域具有某种利益,即使这个利益只是为了航行通过以到达具有更大利益的地方。此外,它还意味着,在相关部队的活动范围和作战范围内具有展开军事行动的潜力。1979 年,英国皇家军舰"法伊夫"号在多米尼加(The Dominican Republic)遭遇飓风后所起的作用,就是军事存在的潜能转化为行动的典型例子②。从更有指向性的层面看,存在就是利益的明确表达。以吉布提为基地的法国军舰展示了对该国一定程度的支持,并表明其开始介入红海地区的战略博弈。

虽然可能有些夸张,但是海上军事存在的常驻性部署和间断性部署存在差别。一般而言,近年来法国模式是在吉布提和南印度洋等区域长期保持较低战斗力的部队,而英国则

---

① 海军军官,参阅 Vice Admiral Sir Peter Standford, 'The Current Position of the Royal Navy', *The Future of British Sea Power*, ed. Till, p. 33; Moineville, *Naval Warfare Today and Tomorrow*, p. 34; Hill, *The Royal Navy Today and Tomorrow*, p. 24; Ferreira, *The Navy of Brazil*, p. 38. 学术界,参阅 Luttwak, *The Political Uses of Sea Power*, pp. 30 - 33; Booth, *Navies and Foreign Policy*, pp. 17 - 18; Till, *Maritime Strategy and the Nuclear Age*, pp. 209 - 215.

② Cmnd. 7826 - 1, p. 46.

由数艘强大军舰组成实力均衡的部队，每年在印度洋和远东地区巡逻一次①。法国模式具有常驻的优势，战备任务明确。但她的常驻缺乏战斗力，会导致对方先发制人。英国模式是相对公开的武力展示，展示的是战备力量。它能够通过儿童联欢会、洪灾救援、威慑作用等各种途径，对一个地区产生重大影响。但是，它撤离后就不能再发挥作用，也不大可能再产生什么影响。

军事存在，特别是远洋存在，能让海上部队熟悉陌生海域和气候。如果部队的作战活动范围足够大（在这方面英国体制相对法国体制具有明显优势），这种存在可以让部队在相对有序的环境中进行较长时间的作战演练。苏联海军长期封闭在本国海域，但是 20 世纪 60 年代开始走向大洋，再次发挥了所有这些优势。此后，她在海上一直保持强大的存在，虽然有人肯定会说展示的频率或强度不够，但大部分时间她确实都"在那儿"②。与其他海外部署型国家相比，她连港口访问次数也不多③。

港口访问

以港口访问为代表的外交活动是军事存在的一种。没有哪个作者在谈及当今海上力量时忽视过这一点，部分人（包括戈尔

---

① *The Military Balance*, *1984—1985*, p. 39; Leenhardt, 'The Role of the French Navy in the National External Action Policy', p. 40; Cmnd. 9227 - 9231, p. 32.

② B. M. Ranft and Geoffrey Till, *The Sea in Soviet Strategy* (Macmillan, London, 1983), pp. 197 - 198.

③ 同上，p. 195.

什科夫)可能过分强调了这一点①。当然,虽然港口访问和海上使团跟海洋利用一样历史悠久,但是这一现象在 20 世纪开始普遍起来,并且随着海上兵力航程的增加变得越来越普遍。特别是液体油料到处都有储备,这使海上兵力拥有了以前所没有的必要的机动性。因此,在正常情况下,任何拥有远洋舰船或潜艇的中等强国都会将访问外国港口看作自己海上实力的一部分。

国际交流致力于达成各种目的,港口访问也能承担:促进友好、传递信息、获得情报、展示生活方式或意识形态、加深印象、展示武力以形成威慑、支援或配合谈判、支持经济的活动等②。

所有这些访问都是国家目的,都可以通过港口访问来实现,也比大多数其他形式的国际交流更直接,因为出访兵力都非常独立,明显是在执行国家使命。她们是国家主权的一部分,这么说虽然是老生常谈,但他们确实是流动的大使馆。当舰船访问时,至少港口城市的大部分人会对来访国有深入了解。

东道国对来访国越熟悉,访问就会越特殊、越亲密,这样才能产生重要影响。定期访问带来的连续性十分经济,比如说,可以很容易保持盟国友好。如果来访的海上兵力比较陌生,特别是当规模较大或数量较多时,通常会引起更大兴趣,其在首都产

---

① Luttwak, *The Political Uses of Sea Power*, pp. 30 - 33; Booth, *Navies and Foreign Policy*, pp. 18 - 19 and 44 - 50; L. W. Martin, *The Sea in Modern Strategy* (Chatto and Windus, London, 1967), p. 139; Hill, 'The Role of Navies', p. 104; Till, *Maritime Strategy and the Nuclear Age*, pp. 109 - 115.

② 最后一类指的是直接支持贸易交易会等活动的轮船访问。笔者亲自参加两次这样的访问,这种访问无疑扩大了交易会的影响。

生的影响会比在被访港口更加明显。

港口访问产生的影响极为广泛,无法量化,因为它取决于许多个体的活动,包括来访舰员和他们接触的市民。通常来说,在西半球的海军中,这些活动相对自由,不受军队纪律的约束。一位舰长曾经对舰员说:"这是友好访问,大家可以随便请假上岸。"这个笑话不知从什么时候开始流传,虽然有些牵强但很有趣。而一些东方海军,特别是苏联海军,舰员只有在监督之下才能有组织地上岸,因此他们一直受到批评。这可能是俄罗斯的传统,也可能是苏联担心有人背叛或行为不当。然而,在多数情况下,自由轻松的舰员都会成为更好的使节。

到访兵力的可见性(其实是可参观性,因为无论访问港口时间长短,"舰船开放参观"都是一个非常重要的部分)极其重要,这一点不言而喻。意大利风帆训练舰"亚美里格·韦斯普奇"号有三层甲板,非常漂亮,很吸引大家眼球,在高桅横帆船中凸显和代表了意大利的航海风格。潜艇则非常低调,而核动力潜艇弓起的背上还承受着人们极为不公正的抗议。大型陆基海军飞机必须在东道国基地降落,通常离城市很远,所以"港口访问"能力几乎为零。如此一来,港口访问的重任就落到了水面舰船的身上。

执法职责

一个国家在沿岸海域的权力和责任可以分为主权、良好秩序和资源享有三部分[1]。主权仅限于领海,是一个极易触动民族感情的概念。这个概念在海上不是特别精确,因为它要受到其他使用者权力的限制。维护主权是海上力量的一项任务,但

---

[1] Booth,*Navies and Foreign Policy*,p.17.

在正常状态下,对于中等强国来说并不是主要事务。在领海以及更远区域保持良好秩序,既是权力,也是责任。与此相关的责任是营造和平利用海洋的环境,做到公平和安全。最后,资源享有需要各种管理部门和手段,以保证那些有权利用者能最大限度地开采利用,将无权者排除在外,并维护海洋环境和其他海洋使用者的合理使用权。

1. 国内法体系

一个国家要为海上执法提供有秩序的基础,必须建立国内法体系,并在其范围内开展活动。该法必须限定在国际海洋法所许可的范围内,国际海洋法的主要职能是分配和限定国家间的权利。但从现状看,即使是 1982 年制定了详细的《联合国海洋法公约》,可解释的余地也非常大。部分国家为正确制订本国法律伤透了脑筋,许多国家则对此持欢迎态度,认为在制订国内法时可以争取最大利益。

国家法律体系包含所有这三项基本权利和责任。比如,1960 年《苏联宪法》中有一节的标题是"国家边境管理制度",宣布外国军舰通过其领海需要预先得到授权①。这明显是制订国内法以维护主权。1958 年的《日内瓦公海公约》并未就沿海国家对军舰通过的管辖权进行规定,当时对这个问题存在争议,而1982 年的《联合国海洋法公约》在该问题上仍未明确,因此现在的争议就更大了。无论是过去还是现在,苏联政府无疑都将这件事纳入了考虑范围。

至于资源享有问题,多数国家已经制定了基本法律,按

---

① Act of the Union of the Soviet Socialist Republics, 22 December 1960, Art. 16, quoted in UNST/LEG/SER. B/15, p.213.

1982年《联合国海洋法公约》的规定宣布了专属经济区,许多国家对于各种方式勘探开采生物和非生物等资源,还另外制定了详细的法律。一些新兴的中等强国可以说有从零构建相关法律体系的优势。而对于大部分国家来说,需要根据不断出现的问题修订现有立法,特别是西欧国家,由于欧共体的法律逐步在发展,有大量的法律需要修改或调整,特别是与渔业相关的法律。

最后,良好秩序的立法和资源占有方面的法律是紧密相关的。例如,英国的大陆架开采权在1964年的一项法案中就有明文规定,为了维护良好秩序,由枢密院下令设立了油气设施附近的禁航区①。然而,秩序方面的立法并不限于维护资源占有以及相关机械设备。还涉及保护海洋环境,以及意外或故意排放和倾倒污染物。此外,还关系着海上交通的安全与高效运行,例如在交通繁忙海域制定分流方案和有序入港。多数国家都希望就上述问题建立一整套国内法。民众对沿海任何混乱或危险的反应都非常敏感,如果发生大范围油类污染,他们几乎会达到歇斯底里的程度②。中等强国无法忽视此类法规的必要性,而执行这些法规则是国家执法力量的责任。

2. 情报

一个沿海国家在近海妥善处理海上事务,首要和最紧迫的要求是情报。国家必须通过相关部门掌握管辖范围内海洋利用的特点,从而进行合理筹划,既不无谓地限制,也不过于

---

① Continental Shelf Act, 1964 (1964 ch. 29, 15 April 1964) and, for example, Continental Shelf (Protection of Installations) (No. 2), Order (SI No. 313 of 1968).

② 1978年,在法国布列塔尼海岸美国油轮"阿摩科·卡迪兹"号不幸搁浅,这一事件导致法国的立法更为严厉。

宽松。当可能发生危险或违法的情况时,还能及时预警。如果缺乏预警,当上述情况发生时,至少要很快得到情报,以便做出适当反应。同样,其他海洋使用者至少必须知道与一个沿海国家密切相关的法规,并且在使用沿岸海域时,能够实时接收到更多信息——无论是为了航行、进港,还是利用得到授权的资源。

对于一个拥有漫长海岸线的国家来说,要构建满足上述所有需求的情报网,任务非常艰巨。需要对一系列目标进行长期和短期的情报搜集和整理,包括商运交通、渔船、油气钻井和生产平台、外国军舰和辅助船(包括水下的),该国自己的执法力量也相当重要。要能够与大部分上述单位定期进行有效沟通,并在紧急情况下与之进行通信。

对沿海国家来说,只有一点值得安慰。虽然不能说大多数海洋使用者会倾力相助,但是他们至少不会强烈反对合作。除了一些外国渔民之外,多数人都不会故意无视国家法律。因此,对敌对国或潜在敌对国进行的情报活动可能会令人担心,但至少在可控范围内。期望完美是没用的,只有一些对此缺乏了解的陆上人员才要求完美,但是令人遗憾的是,这些人似乎也常常包括西方媒体的记者。但中等强国应当希望控制情报来源,去获得、整理并区分相关信息,以保持管辖海域的良好秩序。

3. 指示和命令

沿海国家发出和接收一定的情报是无可争议的,但在其辖区内要向海洋使用者发出同样的指示和命令就行不通。20 多年来,这一直是一个热议的话题。出现了两个极端:一个是实质上的全面放开;另一个是全面国际化的海上交通管制系统,这个系统就像国际民航组织规则中的空中交通管制那样严格①。这两种立场都不可能占上风。这应该说是幸运的，一方面，全面放开一直被证明比适度调控更加危险；另一方面，在海水和海风变幻不定的情况下，在岸上对那些笨重的船只进行过于严格的控制，简直就是人为制造灾难，这一点任何水手或引水员都会立刻指出来。

　　一个中等强国如果在国际海洋贸易和资源享有中拥有利益，通常希望在其近海的一切相关活动进行得既安全又迅速。她如果明智，就会在这些活动中保持不偏不倚，而如果被戴上"偏向"的帽子，她自己的海上利益就容易受到影响。如此一来，她向过往船只以及资源授权用户发布命令和指示的机会就少之又少。只有发生了违法事件、事故或故障，才需要发布命令和指示。

　　如果需要向上述用户发布命令，应当由国家授权部门毫不含糊地发出。如果一个沿海国家和一艘无害通过其领海的商船已经建立了良好的双向通信，问题就迎刃而解了。然而，这种状态经常是不存在的，违规商船通常在操纵和装备方面都不合格。在错误航道行驶的违规船只可能不会认真守控无线电，其甚高频（VHF）设备也可能出现故障。因此，这就有必要实际出海到现场指出违规者的错误，就需要在合适地点部署船只，尽管这种部署既不便宜，也不容易。

　　在享用资源方面，违反国家法律的情况主要集中在渔业，而

----

　　① The controversy can be traced through, *interalia*, *the Journal of Navigation*; the Latest round at the time of writing is in *Journal of Navigation*, Vol. 38 (1985) at pp. 71 - 84.

且经常会扩展到甲壳动物这种固定附着在大陆架上的资源。渔业资源极为复杂,国际法律也在不断发展,在许多情况下捕鱼历史可追溯到1 000多年前,因此多数国家或国家集团关于渔业方面的法律相当混乱。执法困难的部分原因在于很难把握。无论是在规定方面,还是在执法机制方面,没有何处比大西洋东北部海域更复杂了。几个中等海上强国聚集在这片欧洲渔场,世界上其他许多海域要么有争议,要么处于不稳定和有争议的管制之下。

渔业法规通常不仅需要大量信息,从统计数据到现场监视,还需要执法者在渔船集中的地方执法。远程控制是无效的,渔民们习惯于变通规则,不会在远处乖乖服从。

至于其他资源的勘探和开采,矿产公司的非法钻井和采油等实际违法行为非常罕见。这些活动规模大,容易察觉,而一旦被发现,会迅速升级成国际性事件①。没有多少海上利益的小国可能会认为有必要专门做出安排,以威慑上述行为。中等强国通常认为一旦发生这类情况,他们的海上执法力量足以应对。

当然,沿海国家的执法机构能够在近岸海域更大范围内发出详细的命令和指示,特别是在进港航道。引水员可以说是这里最为重要的执法者,他是与岸上联系的纽带,对指挥控制提出建议,并解释法规。能否正确指挥取决于船长,否则他的军官和舰员将处于尴尬境地。其他港口权力机构、海关官员和卫生官员是在靠岸效率(或者说机制)方面的另外一些重要执法者。

4. 检查

沿海国家可能认为检查外国船只有四个方面的必要性:例

---

① 例如,阿布·穆萨事件,1970, reported in *The Times*, 29 May - 6 June 1970 and analysed in Hill, *The Rule of Law at Sea*, p. 85.

行检查以确保制定的标准得到遵守、有证据表明存在违法现象、船的状况或行为可能会威胁沿海国家的正常秩序和安全、相关船只正在或已经对海洋环境造成严重污染。

总体来讲，如果前两类行动发生在沿海国家有完全管辖权的内水，对沿海国家来说没必要使自己局限于设备、证明和操作等方面国际公认的标准。然而，多数中等强国往往会参照国际公认的规则，即在国际海事组织为主导的框架下来制定港内检查的标准。如果他们采取过于严厉的标准，必然会担心自己的商船也会遭遇"你也一样"的对待。对于大多数船只来说，在注册团体的配合下，随机或比较粗略的检查就足够了。不符合标准的船只非常容易被训练有素的人识别出，对之将进行更严格的检查。对于拥有漫长海岸线和众多小港口的中等强国来说，这项检查的费用会非常庞大。

对舰船违反正常秩序进行检查，最有可能发生在领海或内水航行时。需要进行检查的原因各种各样：线人透露的毒品走私、非法入境以及走错航线的"捣蛋"油船。有些行动能得到受检船只的配合，但许多行动得不到配合。所以，港内检查需要采用不同的方法，当然也需要不同的登船方式，还可能（至少有些情况下）需要不同的人员，有些人员还需要配备武器。

第四类检查会延伸到远海，因为在海洋法公约所列举的情况下，允许在专属经济区内进行此类检查①。当然，这类检查需要有初步的证据表明相关船只已经造成严重损害，而这种证据很难获得，登船检查可能会更加困难，需要大量的资源。

港口国司法权概念的提出，无疑是因为上述行动在某种程

---

① Law of the Sea Convention，1982，Art. 220(5).

度上存在困难①。根据这一概念，如果一艘船被怀疑破坏了海洋环境，港口国可以在下一个访问港口对其进行调查。从某种意义上说，港口国是代表海洋环境受损害国行使国际执法者的权力。

渔业保护是上述各类检查中的特殊情况。它之所以特殊，是因为在沿海国家渔业管辖权的所有领域，实施检查是为了核实所制定的标准，这些检查在有些方面特别重要，如渔网孔眼、工具类型和捕捞性质。中等强国如果有一套简明的规定可以执行，那就太幸运了。规定复杂、管辖限制以及对欧共体渔业缺乏管理，是非常令人担忧的问题②。

因此，检查是一项复杂的事务，对中等强国的资源要求不仅数量庞大，而且种类多样，相关人员需要诸多种类的技术和知识。一个渔业检查员不可能同时是海关官员。（海军或海岸警卫队军官也许有时会行使上面其中的一个职权，但他们一直都是多面手，或者像有人说的，要能说会道、八面玲珑。）手段也需要多种多样：港口检查一块跳板已经足够，但从船上和岸上对海船进行登检，就需要直升机，有时甚至需要轮船。待检船只越不合作，登检船就需要越快速、越灵活、越坚固。

5. 扣押

如果沿海国家要对相关船只启动司法程序，必须事先扣押肇事船只。在港内扣押相对容易，只要扣押文件仍然贴在桅杆上，船只在未经港口当局许可的情况下通常难以溜掉。在海上，

① Law of the Sea Convention，1982，Art. 218.
② Peter Hjul, in Till（ed.），*The Future of British Sea Power*，p. 66.

如果扣押进行检查，程序应当也不会太难，因为已经表明在船上站住脚了。然而，如果想只出动象征性的登检队员，不妨回忆一下"红十字军"号（The Red Crusader）事件，一名苏格兰渔船船长将丹麦登检队员（包括一名副船长和一名船员）锁在船舱里，然后驶向阿伯丁[①]。

如果遭到反抗，无法实施检查，或者已掌握强有力的违法证据不必实施检查，扣押任务就非常艰巨。对嫌疑违法者进行"武力登船"在全球沿海水域并非罕见，许多国家都在国内法中给予海军和海岸警卫队相当大的行动自由[②]。然而，武力必须限制在必要和适当的限度内。有个典型案例，英国近海扫雷舰想检查一艘在英国海域偷渔的比利时渔船，但受到阻挠，于是英国军舰实施了夜间登船，并向无人的舰首猛烈发射 40 毫米高射炮空包弹，还把一个土豆打进了拖捞船的舰桥窗户，偷渔船立刻投降了。

6. 灾难控制

所有国家均有责任要求悬挂自己国旗的船员救助海上遇难者[③]。但奇怪的是，沿海国家却未被赋予这样的救助责任。然而，多数海洋国家实际上非常注重其近海的救生，许多国家也因此投入了不少资源。比如，荷兰皇家海军订购的首批 6 架山猫直升机于 1977 年交付，就配发给了搜救特遣队。

高效的搜救要求对信息传递进行调控，并在危机时迅速提高传递速度；岸上、海上和空中力量要能在任何一段海岸线及时

---

①　*International Law Reports*，Vol. 35，p. 485.

②　例如，US Code Title 14 para 637(a)授权海岸警卫队在警告射击后可以对不停止航行的船只开火。

③　Law of the Sea Convention，1982，Art. 98.

做出反应;指挥控制机构和人员要能有效而又经济地指挥可用资源。对于拥有漫长海岸线,但力量有限的国家来说,这也许是一项费用极其昂贵的任务,有些中等强国甚至不得不在灾难易发地区集中力量进行应对。在更为偏远的地区,国家常规海上力量在接到遇难信息后也许能够进行救助,但不会提供专用资源。

海上救助是现代世界一项非常特殊的企业活动。劳埃德标准(Lloyd's Standard)对海上救助形式进行了规范,开头就是"无效果,无报酬"。在资本主义和混合型经济体制中,到目前为止大部分的海上救助力量属于私有,受市场运作影响,而集中管理型经济体制下的海上救助力量局限于他们自己的沿海区域,偶尔会在远离本土的海域救助本国船只。

救助行动常常会影响人员生命和海洋环境,它的商业基础可能会造成不幸的结果。在"阿莫科·卡迪兹"号事件中,这艘满载的大型油船搁浅,造成大面积污染。如果当时船长同意拖船,并发表声明随时接受大规模救助,该船也许会避免搁浅。这次灾难在公众中引起了强烈反应,并对交通管控措施造成了影响,使得这类船只驶经英国时更远离海岸,但有些权威人士认为这些措施会增加碰撞的风险[1]。所以,无效的海上救助所造成的影响远远超出一次特定的事故。中等强国的注意力集中于海洋活动高度密集的海域,但对她们来说,也许以下两个方面特别重要:一是理顺海上救助法规和组织中比较混乱的部分;二是考虑国家救助服务是否能够和应当改进。

---

① A. N. Cockcroft, 'Development of Routing in Coastal Waters', *Journal of Navigation*, Vol. 35 (1982), p. 78.

国家力量不仅参与海上救助，更多的是灾难控制。通常这些行动事先并没有准备，使用的是手头可用的资源。例如，在英国海域，有多达 6 个的非商业组织参与灾难控制任务，包括英国皇家救生艇协会、英国皇家海岸警卫队、皇家海军、皇家空军、海事局和警察。其他许多岸上部门和组织也可能参与进来。日本则完全不同，海上保安厅行使协调职能，通常提供大部分救助资源。这些资源似乎得到了很好的利用。1973—1980 年，仅在东京湾就有碰撞或搁浅需要救援的 70 艘船得到了救助①。

原油泄漏一旦发生，如何控制将非常引人注目，公众也会非常关心，所以探讨海上灾难控制占据着极其显著的位置。各种各样的问题都可能会出现，要迅速解决这些问题，就需要综合运用各种力量，需要灵活组织。不过，无论制定了多么完善的灾难预防措施，灾难一旦发生，中等强国还是要拥有一定的后备力量去控制灾难。

战略威慑巡逻

许多中等强国并不赞同海上战略威慑的思想。而且，威慑的目标也不限于海上。然而，在此必须指出，因为部分中等强国会进行战略威慑巡逻，这类海上行动对资源分配和海上力量的部署有重大影响。

威慑会在冲突的各个阶段发挥作用，但通常它最致命的是能够给对手的中心地带，或者像英国一份文件里所称的"国家力量的关键部分"②，造成大规模无法承受的破坏。在过去 20 年

---

① Y. Fujii, 'Recent Trends in Traffic Accidents in Japanese Waters', *Journal of Navigation*, Vol. 35 (1982), p. 91.

② United Kingdom Defence Open Government Document 80/23, p. 6.

里,此类威慑手段最可靠的方法是核潜艇上携带核弹头的弹道导弹。潜艇不受海面环境条件约束,下潜后能有效躲避探测。它的持续巡逻时间多达两个多月,能够对导弹发射指令做出快速反应,与其他部署方式相比,这些都是明显的优势①。

目前,潜基弹道导弹精度不高,无法瘫痪导弹发射井等陆上的点目标。但是,这对于中等强国并非不利因素,因为对她们来说战略武器其实是最后可用的武器。她们当然不会在第一波打击中就对一个超强的对手使用,因为这将使其本土遭到毁灭性打击。虽然她们只会在威慑失败的情况下使用,但这绝不会使威慑理论或意图失去效力。

为了保持海基威慑的连续性和可靠性,必须保持足够数量的潜艇处于巡航状态并时刻准备实施打击,给敌人造成不可承受的破坏。这意味着潜艇需要安全、迅速地进出基地,摆脱企图探测和跟踪它们的兵力,岸上能够对潜艇进行保密和连续地通信,岸上有高效的后勤、训练支援机构和设施对潜艇及时进行修复,并提供训练有素、数量充足的艇员。所有这些还要有国家核工业在弹头和动力方面提供支撑。从各个方面看,这些都是庞大而昂贵的工程。据说,法国在核威慑方面的耗费超过了20%的国防预算,当然这既包括海上设施,也包括一些陆基设施。英国的开支比例小些,甚至在最多的年份也没超过10%,这是因为他们在导弹技术方面依赖美国。这不禁让我们想起劳伦斯·弗里德曼(Lawrence M. Friedman)的话:"在如此关键的国家计划中,装备上依赖于美国的慷慨,而基本理论方面受制于美国

---

① A description of patrol cycles and the operation of a strategic deterrent patrol appears in Lacoste, *Stratégie Navale*, pp. 42 - 50.

的猜疑,这真古怪"①。

关注联盟

战略核威慑通过极端的方式暴露了中等强国的两难境地：
一是在多大程度上必须依赖盟国；二是依赖盟国防备什么样的
威胁。弗里德曼所说的"猜疑"可能有点太直接。通常,中等强
国的规划者必须考虑信任程度和风险程度,他们都是在玩百分
率游戏。正常状态下,他们有时间思考这些因素,结交盟国,为
更加严峻的形势做准备。在这种常态下,大部分行动、部署、规
划和计划都由国家自己进行,但与盟国的计划和演习是这一层
面的战略活动中不可分割的一部分。即使像美国和南美洲国家
这样松散的联盟,也有大量证据表明存在海上通用程序和联合
演习,譬如"尤尼塔斯"(UNITAS)系列②。像北约和华约这样
更紧密和有组织的盟国,此类演习已经常态化了。

---

① L. Freedman, 'The Future of the British Strategic Nuclear
Deterrent', in G. Till (ed.), *The Future of British Sea Power*, p. 120.

② Robert L. Scheina, 'The Malvinas Campaign', *in US Naval
Institute Proceedings*, Vol. 109 (May 1983), p. 116.

三、低强度作战

由于 20 世纪 60 年代末期弗兰克·基特森准将的研究,"低强度作战"一词才受到大家关注。1971 年,他出版了著作《低强度行动:颠覆、叛乱与维和》①,正如书名暗示的,该书主要探讨了执行平叛和反恐等任务时的陆上作战,还讨论了国家而非联合国背景下的维和。

然而,这个概念很容易转换到海上,但有一个条件,即双方主角通常都是(虽然并不总是)受政府控制的主权国家和有组织的部队。至少从这个方面说,冲突的组织和目标比在陆上更清楚;在陆上,许多存在分歧的国家下属组织经常会牵扯进来。黎巴嫩和北爱尔兰派系林立的局面就是明显的例子,而在海上几乎不可能发生类似的情况。

低强度作战绝对称不上战争,它在目标、范围和区域上都十分有限,并受国际法的约束。现实中,低强度作战可能还包括双方零星的暴力行动。

---

① Frank Kitson, *Low Intensity Operations: Subversion*, *Insurgency and Peace-keeping* (Faber and Faber, London, 1971).

目标有限

确切地说,任何冲突都没有一个纯粹的政治目标或军事目标。所有冲突都有一定的政治和军事因素,但其中所占的比例可能相差很大。对 1946 年以来的海上低强度作战进行分析可以看出,此类作战的目标几乎都是政治因素远大于军事因素。例如,"贝拉巡逻"的直接目标是切断途经贝拉港对罗得西亚的石油供应,并动用了军事,但它的最终目标是帮助推翻罗得西亚的非法政权。它的直接目标实现了,但最终目标以失败告终。目标的政治因素可能是源于经济,事实也通常如此。在"鳕鱼纠纷"中,冰岛的目标是创造有利条件,将英国渔船从冰岛沿岸的渔场排挤出去,这样就没有人跟自己竞争有限的捕捞资源,冰岛渔民可以从中受益。

然而,海上低强度作战的目标可能非常有限,甚至可以由上级政府来明确。只要足够小心,通常可以避免与国家力量或利益的其他方面冲突。甚至可以说,如果作战目标不以这种方式进行明确和限制,那么这一目标和它所引起的作战行动就需要认真审查。20 世纪 70 年代,为支援伯利兹应对危地马拉的威胁,英国进行了多次部署行动,这些目标有限的及时行动取得了成功,达到了威慑目的,成为经典战例[1]。但是,正如前面所说,"贝拉巡逻"目标模糊且范围过大,所以最终没能达到预期效果。

关于低强度作战的目标,存在一个普遍的现象,即冲突一方

---

[1]　J. Cable, *Gunboat Diplomacy* (Macmillan, London, 1981), pp. 249,253,255; and in G. Till (ed.), *The Future of British Sea Power* (Macmillan, London, 1984), p. 127.

或另一方的目标通常是想维持现状。如果它的行动不够迅速，任务就自然转成恢复原状，但通常会更加困难，甚至导致冲突升级。海上的现状比较独特，因为很多情况下它没有永久可见的特征；有通行权的海域与其他海域并没有区别，但它的地位是用生命的代价来证明的[①]。

规模有限

低强度作战的一个重要特点是，如果出现暴力行为，应当认为这些暴力行为是偶尔发生的，是可以控制的。

目标的限制是其中的部分原因。手段对于所要实现的目标只要恰到好处即可，这是一条基本的战略准则。武力的经济性是战争原则之一，西方国家的参谋学院绝对赞同这一观点。但是，规模有限还有其他原因。

首先是法律。在陆上的低强度作战中，国家针对暴力的法律必须为代表国家参战的人进行修正或解释。如果他们在其他国家作战，必须根据国际法制定专门的规定[②]。在海上，一片水域可能处于或不处于国家的管辖之下，或者管辖权本身就存在争议，国内法的影响不可能像陆上一样全面。另外，如果兵力规模较大且更加分散，控制也可能更严格。因而，在海上进行低强度作战要求更多地考虑武装冲突和使用武力方面的国际法，特

---

① 在 1946 年的科孚海峡事件中，英国驱逐舰"索马里兹"号和"沃拉治"号宣示无害通过权时触雷，44 人丧生。事件发生在阿尔巴尼亚领海内的一条国际海峡。此后，国际法庭维护无害通过权。

② F. Seyersted, *United Nations Forces in the Law of Peace and War* (Sijthoff, Amsterdam, 1966), p. 127; G. I. A. D. Draper, 'The Legal Limitations upon the Employment of Weapons by the UN Force in the Congo', *International and Comparative Law Quarterly*, Vol. 12 (1963), p. 401.

别是涉及自卫方面的法律。

自卫权被国际社会广泛接受，无论对个人还是国家都是如此，这在《联合国宪章》第 51 条中有明确表述，并处于最重要的地位，即"本宪章中任何内容都不能损害个人或集体自卫的权力……"。不过，在进行解释时仍然存在一些问题。

支配自卫权的两大原则是必要和适当。它们在 1839 年的一个案例中第一次得到阐述，这个案例涉及在水上使用武力，意义重大。加拿大殖民地受到以美国为基地的武装团伙的威胁，该武装团伙从伊利河对岸的基地袭击魁北克省，在当地造成恐慌。一天晚上，加拿大的一队人马跨过河，以几条生命为代价夺取了美国的"卡罗琳"号补给船。然后，他们把船点燃，解开系泊的缆绳，让船顺流坠下尼亚加拉瀑布。美国国务卿韦伯斯特通过大使福克斯向英国提出抗议，要求英国说明当时的情况"紧迫、无法抗拒，没有选择手段的余地，也没有时间进行研究"，而且入侵者"没做什么不合理或过分的事，因为依据自卫必要性采取的行动，应当受到该必要性的限制，并确保不超出此限制"。经过随后一系列的书信来往，大家认为当时满足了上述必要条件。

"卡罗琳"号事件表明，自卫行动必须限于制止袭击或侵略的行动。推而广之，可能有人会认为如果袭击或侵略行动广泛且有计划，那么在自卫时也应当采取类似行动，不过这些行动不一定直接相关。这无疑是想对自卫进行辩护。但通常来说，在海上进行任何一般性的适当还击之前，需要收集确凿的证据，但是，此时作战行动也许已经升级了。在低强度状态，事件通常是可控的，其结果显然可以预测。因此，必要性和适当性都非常重要。从"卡罗琳"号事件看来，过度使用武力，即使是对付袭击，也是违法的。例如，在 20 世纪 70 年代中期的"鳕鱼纠纷"中,如果英国护卫舰因为冰岛炮艇切割拖网而用炮火将其击沉,这很容易就能做到。但是果真如此,法理优势将明显偏向冰岛[①]。英国唯一可能的辩解是,它通过单方面不对等的行动控制了暴力的整体层级,但此类辩解在低强度作战时通常站不住脚。非暴力违反国家法律的行为可能会发生在海上,而且有时会成为低强度冲突的诱因。不言而喻,适当性和必要性也是应对这些事件的基本原则。"鳕鱼纠纷"在这方面同样有指导意义:冰岛炮艇竭尽全力,没有使用火炮攻击拖捞船。

最后一个是预防性自卫的问题。对这个问题的争论就像自卫概念本身一样历史悠久。《联合国宪章》的英语文本和法语文本存在着一处明显的差异,但是这一差异也无法解决这些争论。"卡罗琳"号事件本身就有预防性自卫的成分,因为当时没有美国人在实施袭击,并且"卡罗琳"号是一艘补给船而非攻击船。人们提出了许多强有力的观点,认为在现代条件下反应速度加快和武器系统准备时间缩短,敌对意图一旦确定,预防性自卫是必要的。美国的做法特别倾向于这种观点[②]。然而,只要在事件发生前存在可能性,在特定冲突中,开枪之前要采取预防性自卫就必须慎重考虑;这可能特别适用于中等强国,他们必须在暴徒和替罪羊之间保持适当的主动。

区域有限

在低强度作战中,区域的限制在很大程度上是由于目标的

---

① D. P. O'Connell, *The Influence of Law on Sea Power* (Manchester University Press, Manchester, 1975), p. 64.

② 'Rules of Engagement', *US Naval War College Review*, January-February 1983, pp. 49-50.

制约。例如，如果纠纷涉及隔绝渔场，那么双方目标将集中于在特定地理范围内确立某种权力，通常不会在该区域之外发生冲突事件，除非其中一方故意扩大冲突。同样，如果纠纷涉及邻国对某片海域宣称拥有主权，军事行动在初期肯定会局限于这片区域。

在与领土关系不大的其他纠纷或军事行动中，比如自1980年以来美国、英国和法国在印度洋西北部实施巡逻以宣示决心，区域限制还是非常明显的，但在这一案例中还受制于军事、法律和政治的因素。不希望海上兵力无谓遭到突袭，就会常常将作战区设于岸基飞机和导弹艇攻击范围之外。在更靠近海岸处进行快速反应，对指挥员的决心将是一种考验。

声明界线并认为在此界线内会发生冲突，对于任何在低强度作战中寻求可控的政府都具有吸引力。这可以看作希望将冲突限制在可控层级，避免模棱两可和事件升级，并且在宣传方面取得成功。这一方针也许特别适合中等强国与小国间的纠纷，但也存在不利因素。它可能会暗示已经确定了一种冲突模式，因此会在此模式内升级；它也会给对手在冲突时或冲突后的谈判中提供有力的制约条件；最重要的是，如果对手决定冲突升级，它会使声明界线者有挫败感。

这并不是说不应该为己方兵力谨慎限定冲突区域的界线。由舰队和当地指挥官进行合理配置和部署，拟定交战规则，这些都是必要的。交战规则在低强度作战区域和正常状态区域两种情况下可能明显不同。

低强度作战的种类

1. 宣示权利

在导致低强度作战的冲突中，涉及维护国际法的权利占很大比例①。这些冲突大都与渔业有关,并明显受目标、规模和区域的限制。它们通常持续很久,还有一些已经持续了几十年,比如西班牙和摩洛哥之间的纠纷,以及日本和苏联间的纠纷②。相对不那么频繁但更敏感、更容易升级的,是关于通行权的问题。当然,每天数以千计的舰船已经在全世界行使了通行权,甚至在沿海国家或海峡国家宣称的权利已经超过了航海者承认权利的地方也是如此。在这种情况下,"默许"能确保不会发生实际的低强度作战。但是,如果爆发冲突,可能会非常突然和激烈。虽然 20 世纪 50、60 年代曾对军舰是否有权通过印度尼西亚海域存在争议③,但纠纷并不总是与军舰有关,比如埃及在1967 年封闭了蒂朗海峡④。许多纠纷缘于国际法中司法权的划分,从直布罗陀湾主权水域的争夺⑤,到苏联和挪威关于北角北部区域的争议⑥。这些争议通常停留在谈判阶段,但也会突然爆发冲突,形成对抗。这时用于宣示权利的兵力可能会发挥作用,或许能阻止冲突升级,当然也避免不了在出问题时火上浇油⑦。

---

① Of 136 examples from 1946—1979 in Cable, *Gunboat Diplomacy*, pp. 223 - 258, 56 (or 41 percent) are classed by this writer as law-based.

② B. Buzan, *A Sea of Troubles? Sources of Dispute in the New Ocean Régime* (IISS, 1978), pp. 26 and 37.

③ Cable, *Gunboat Diplomacy*, p. 234.

④ Watter Laqueur, *The Road to War 1967* (Weidenfeld and Nicholson, London, 1968), p. 93.

⑤ J. R. Hill, *The Rule of Law at Sea* (unpublished thesis, University of London, 1973), Annex D.

⑥ Buzan, *A Sea of Troubles?*, p. 24.

⑦ Cable, *Gunboat Diplomacy*, p. 82. Cable 几乎没有花时间阐述 "表现力量(Epressive Force)",但是他承认,西班牙政府发生变化引发新闻界猜想会采用更弱的路线后派一支海上力量停靠在直布罗陀海峡附近,"已经表明了观点而不用遭受文字的尴尬"。

宣示权利经常可以直接通过"到达现场"来实现，但一直都是通过既"到达现场"又"采取行动"来实现，"行动"一般不会涉及发射武器。唯一的例外是，通过军舰或飞机在一个区域进行武器演练来宣示公海权利，而另一个国家则认为这一权利并不存在。这种演练当然会发生，但现在很少受到质疑，专属经济区的敏感性可能会使沿海国家以后会更频繁地提出抗议。但正如前面指出的，这是例外。宣示权利通常是由和平团体通过和平的行动来实现的。这些团体大部分是民间团体。主要参与者，无论是渔船还是商船，会继续打渔或航行，直到对手企图阻止其为止。

双方遭遇之际，这种企图通常不会导致立即使用武器，而是会按照执法程序的标准步骤执行：无线电警告信息；通过电台、可见信号或扬声器发出指示；飞机或舰船进行机动；试图登船。但是，尤其是在国家对其主权敏感的情况下，这些步骤会进行得很快。（然而，海上比空中有优势，形势的发展需要数小时而不是几秒钟，即使事件的主角好战，像1983年韩国班机在苏联领空被击落的灾难性事故也极少发生。）

当被干涉国家没有兵力支援时，权利将遭到争夺的最初通告，经常来自双方的这种遭遇。从另外一个方面看，外交或情报渠道也会有预警信息表明权利将遭到争夺，这样就有可能进行预先部署。蒂朗海峡事件为这两种情况都提供了例证：埃及控制着该海峡，1962年埃及部队在沙姆沙伊赫扣留了英国辅助船，当时附近没有英国军舰。1967年埃及驱逐了联合国部队，则发出了明确信号，即去往埃拉特的西方船只一律不能通行，并制定了周密计划以支援对海峡通过权的宣示，但执行得并不彻底，导致后来被卷入了"六日战争"

的严峻考验①。

虽然收到了宣示权利将受到阻挠的通告,但如果计划实际维护这些权利,结果也是一样,即来自试图宣示权利的国家武装力量的支持。在低强度作战中,几乎没有一国部队维护其他国家船只权利的先例,这主要与中等强国的战略有很大关系②。

需要认真分析判断参与宣示权利兵力的规模和能力。有人支持"优势舰队"理论③:部署尽可能强大的力量以威慑对手,阻止其争夺权利。但是,对于中等强国来说,这样做有两个严重不利的因素。首先,展开部署开支巨大,而维持部署开支则更大,而且有争议的权利本质上也都不是短期问题。第二,如果是向弱小对手施压,那么暴露在公众面前的将会是暴徒的形象,有些中等强国觉得这种指责对自己没什么影响,但许多国家并不这样看。所以,在有些情况下,大规模展示武力将会最大限度地支持权利宣示,但在多数情况下,更加恰当的反应是在争议区域部署一支小规模兵力——也许一艘船就可以。

执行这类任务的兵力其特点与实施海域管理的兵力并无不同。这种情况属于自卫,必要性和适当性的原则在这里也适用。此外,不使局势因无谓的升级而恶化,符合各方利益,使用非对称的重型武器比任何其他原因更有可能带来风险。如果相关兵力有不动用武器的多种选择,实际上不是坏事。英国护卫舰和冰岛炮艇在 1976 年"鳕鱼纠纷"中只是进行了一种"舞蹈游戏",虽然有失体面还令人不快,但这种宣示方式要胜过开枪放炮、造

---

① Laqueur, *The Road to War*, p.140.

② 例如,在鳕雪争端中,英国战舰并没有援助受到冰岛炮艇骚扰的德国拖网渔船。

③ Cable, *Gunboat Diplomacy*, pp.131 - 133.

成死伤。

因此，此类行动的一般原则对执行任务的兵力提出了一系列要求。首先，必须对局势和政府指示的变化反应迅速。这意味着他们用于数据接收和通信的装备必须有效，并且能够连续运行。最好要让对手看到部署的兵力：这意味着他们更容易遭到突袭，但在这种政治意义占主导的行动中，更重要的是表明国家力量介入了该事件，而不是先宣示权利的主角，如商船或渔船。他们应当拥有多种武器系统，至少有些武器在使用时要具备精确的识别能力。如果说一个极端的做法是警卫军官礼仪性用剑，这可能有点不实际，但这种武器在直布罗陀湾是用过的，有一次还用过一只大型粗毛犬①。而另一个极端是，至少需要一些能毁伤舰船的武器，可能不会使用这些武器，当然也不希望真的使用，但必须要有一定的威慑力。同样，理想的状况是，那些暴露在冲突一线的舰船，一旦事件升级，应当能够保护自己。这样就需要完善和全面的自卫能力。最后，支持宣示权利的兵力必须具备足够的自持力、完全适合海上或空中使用、充分的应对能力和人员配备。

2. 宣示决心

申诉和反申诉是国际法运用过程中不可缺少的一部分，如果宣示权利与这一过程紧密关联，那么宣示决心跟国际力量对抗的紧张局势同样有联系。不言而喻，这两者常常紧密结合，无法完全分隔。例如，1980 年到 1985 年在霍尔木兹海峡的"阿米拉巡逻"就是一次宣示决心的行动，如果当时需要，就会马上派出部队支援宣示权利。

---

① Hill, *The Rule of Law at Sea*, Case Study D.

很明显,它们有许多共同点。严格遵守自卫原则;必须慎重判断展示武力在国际公众面前的形象;重视交战规则、通信和数据获取、自持力和应对升级的能力。

但是,它们也存在重大差别。许多需要宣示决心的情况,一般不像需要宣示权利那样注重地理位置,因为这样可以远离最可能发生冲突或升级的地点。海上兵力既不会卷入民间船只的任何具体行动,也不需要保护这类易遭攻击的船队,因此可以摆出更适合作战的阵形。对于兵力规模,也可以更容易作出判断。根据大卫·欧文博士的说法,1977年英国派出由护卫舰和一艘核潜艇组成的小型编队执行宣示决心行动,结果制止了阿根廷对福克兰群岛的进攻。如果还需要宣示权利,这样一支兵力可能就显得不合适了。然而,有时可能也需要避免部署太多的兵力。1971年印巴战争期间,美国远征印度洋,遭到印度的谴责。由于部署了压倒性的优势兵力,美国看起来就像个欺凌弱小的暴徒,过分刺激了印度的自尊心,这也很可能是其没有实现预期目标的重要因素①。

如上所述,大家可能认为相对于宣示权利,宣示决心没有那么困难、危险和激烈。有大量事例表明,这是一个普遍现象。例如,1984年有报道称,执行印度洋(阿米拉)巡逻任务的舰船希望"在圣诞节靠岸"②,在此之前,执行该任务的舰船该年早些时候曾对马斯喀特进行了港口访问③。20世纪70年代,在直布罗陀的那艘警戒船大部分时间都停靠在那个殖民地——那里令人

---

① Cable, *Gunboat Diplomacy*, p. 249; G. S. Bhargava, *India's Security in the 1980s* (IISS, 1976), p. 19.

② *Navy News*, December 1984, p. 1.

③ *Navy News*, October 1984, p. 1.

愉快，但偶尔也让人烦恼。而另一方面，长时间、近距离的宣示决心可能会出现不愉快的局面。1951年，笔者在阿拉伯河伊拉克一侧的船上待了两三个星期，对面就是伊朗的阿巴丹港，当时那里正在发生危机，距离非常近，即使以当时的装备，任何一方使用武器都可能造成极大的损失和伤亡。这种近距离的态势，最主要就是跟宣示决心有关。另外，宣示决心有时会持续很长时间，也非常困难。为支援核试验行动，法国海军在太平洋的部署一次就可能持续数个月，苏联在地中海"跟踪"美国海军兵力肯定也同样单调乏味。

3. 应邀两栖登陆

一国政府认为自身受到威胁便会寻求帮助，派兵登陆对其进行支援，可以看作宣示决心的一种特殊形式。它有自身的特点，应当进行单独分析。20世纪60年代早期曾有很多此类作战行动，但之后英国就认为这已经过时了。1962年阻止伊拉克入侵科威特，1964年恢复坦噶尼喀政府，都是非常成功的作战行动，但在白厅持这种观点，甚至对此过多谈论，就被视为已经落后了，部分原因当然是那几个曾被保护的政权后来对英国不那么客气了①。

人们对这种担负海上职能的作战行动失去兴趣，较合理的原因是空运得到了发展，特别是需要或要求这种帮助的国家的地面航空设施有了发展。1980年，特遣队在新赫布里底群岛（现为瓦努阿图）的共同管辖区登陆，为独立铺平了道路。这次

---

① *Keesing's Contemporary Archives*，pp.19963 and 20755.追溯了坦桑尼亚政府的迅速转变，先是对自己在1964年1月得以保留充满感激，然后是骚扰英国国民，同年11月与中国建交。

登陆就是通过空中完成的,而 20 年前这也许只能通过海上来完成,或者通过更危险的空降方式完成①。

因为即使是应邀登陆也要保持适当的作战状态,由熟悉这一任务和训练有素的兵力来实施,所以他们承担了一项相当特殊的任务,可能会需要本来用于其他用途的物资。中等强国必须仔细审视此类作战行动的需求,虽然所需的能力在为更高层级的行动所做的准备中可能都具备了②。

4. 撤侨

扣押人质跟政治暗杀一样,都不是新鲜事物。然而,在世界上外国人频繁往来的国家(包括多数中等强国),寄居人员的数量比以前更多,流动性也更大。但很少有人能保证在紧急情况下可以撤回国内,从这个角度来说,他们可能比以前更不谨慎了。许多人在大型(通常是跨国)公司工作,其家长式管理不一定能考虑到这种撤出路线。

与此同时,很多国家局势动荡不安,有些国家至少达到危及部分外国公民生命,甚至威胁扣押部分外国公民的程度,这样的国家并没比以前减少。在一两个独裁国家,政府可能会考虑侮辱外国移居者。在更多的国家,危险来自恐怖组织或更普通的暴乱活动。但无论威胁来自哪个方面,可以肯定的是,一个国家为救援自己的国民而派部队进入另一个国家,可能会被指控无理干涉一个主权国家的内部事务。

因此,问题的严重程度、变化不定以及国际舆论氛围,使周密计划和预有准备的大规模撤侨变得不现实。但是,仍然有可

---

① *Keesing's Contemporary Archives*, p.30643.
② 见下文,第四节高强度作战。

能在急需的情况下调用军队。这里有一个典型的例子。1979年伊朗革命期间,英国恰有调查船在海湾作业,英国通过该船从阿巴斯港(Bandar Abbas)撤走了侨民。事先制订应急计划至少能保证在问题发生时,不会让人感到不知所措。但为此需求而预置特种部队,并非中等强国需要认真考虑的问题。

5. 反恐作战

恐怖分子主要在陆地上活动,但他们将海洋看作武器弹药的供应线,偷运武器弹药是他们的惯用手段。

因此,受恐怖分子威胁的国家常常努力阻止将海洋用于武器供应。多年来,英国一直在北爱尔兰近海实施此类行动。1984年末,一艘拖捞船从来自美国的大船转运了一批武器,爱尔兰海上执法力量扣留了该船,并将其押回港口,显然他们也在禁止非法武器运输。与之类似,在阿尔及利亚危机期间,法国从1956年开始曾进行了一场大规模的管制行动,其中第一年就登检轮船4 775艘,搜查轮船1 300艘①。

本质上,实施此类行动所需的兵力与执法力量类似。情报和监视是基本要求,没有这两点,那就是大海捞针。有了情报和监视,覆盖的范围还要大,要比为威慑普通违法分子进行的低比例、近乎随机的监视范围广得多,而且要有足够的后备力量,这样就能保证一支兵力离岸进行搜索或扣押时,真正的军火走私犯不会成为漏网之鱼。因此,除了具有良好的通信和信息获取能力、经验丰富的队员之外,还需要配备更多人员。

对于面临此类问题的中等强国来说,唯一值得安慰的是这类兵力不需要很大的规模(当然,如果他们实力太弱,连拒捕的

---

① O'Connell, *The Influence of Law on Sea Power*, p.123.

恐怖分子供应船都不能制服,那将极为尴尬)。有时,即使宣称的司法权超出了领海,只要他们人员充足,能够派遣适当的后援,现场兵力的规模可以不用太大。

虽然海上武器禁运是中等强国反恐作战的最常见形式,但在过去 20 年里,还是发生了一些海上恐怖主义活动。爱尔兰共和军在北爱尔兰近海攻击了一艘货船,这几乎没有经济意义,但却有相当大的宣传效果。1971 年,一个名为"民族解放军"的游击队组织曾在东巴基斯坦(现为孟加拉)近海对运输船只实施了零星攻击①。但是,最系统、最广泛的海上恐怖活动是在 1963—1966 年的冲突期间,印度尼西亚民族主义者对马来西亚船只(大多数是渔船)实施的行动。至于这些印度尼西亚人是由军方控制,还是苏加诺政府纵容的非正规军,并不确定。他们的手法通常是抓获渔船后,将船员带到偏僻之处进行殴打,并教训他们说该地区所有海域都属于印度尼西亚,如果再来捕鱼将格杀勿论,然后就把他们放了,他们的船只和渔具有时可以带走,有时则被扣留②。当时的地方报纸称,在局势得到控制前,这种恐怖活动在相当大的区域内有效阻止了捕鱼。

在这次事件中,原来的问题与另外一种形式的恐怖袭击结合到了一起,就是印度尼西亚游击队力量渗透到了马六甲海峡。为控制一种威胁而进行巡逻,往往会威慑另一种威胁,虽然局势仍然混乱,也有零星的暴力行动,但危险没有升级。马来西亚和英国的舰船都参与了行动。两个国家紧密合作实施低强度下的海上作战行动,这是为数不多的战例之一。从武装对抗中也得

---

① *Keesing's Contemporary Archives*, p. 24989.

② Hill, *The Rule of Law at Sea*, Annex C.

出了一般性执法经验：需要数量众多、灵活耐用、反应迅速的船只，并拥有优良的信息获取、通信和控制能力①。有时配备重武器的兵力可以有效增强威慑力度。

6. 管制非法移民

在正常状态下，管制移民和阻止违法事件一般属于行政事务范畴。然而，也曾出现过这样的情况：向一个国家大量非法移民，大规模迁移人口，或多或少有非武装入侵的嫌疑。这样的入侵可能发生在陆上边境，如从墨西哥到美国；也可能发生在海上，如 1946—1947 年犹太人向巴勒斯坦移民。

移民达到这种程度时，往往需要高度有组织的大规模行动来进行控制。在巴勒斯坦的案例中，另外增派了力量，进行广泛巡逻，并建立起全面的情报、信息和协调网络。在使用治安手段时，如果偷渡船只拒绝接受搜查或者扣押，也不排除使用武器。

在此类事件中，一个现实问题是需要快速和灵活。因为涉及的区域一般非常广阔，监视行动（特别在夜间）比较困难，对可疑偷渡船只进行实际检查时，相关部队的反应速度非常重要。

人们认识到需要控制偷渡的同时，通常会对那些偷渡者的悲惨境遇抱有同情：他们常常身体糟糕，手无寸铁，可能还有妇女和儿童。20 世纪 70 年代后期的越南"船民"事件中，这种进退两难的境况最为突出。在这种情况下，必须同时采用民事和军事手段。

7. 反海盗行动

前后两部《海洋法公约》对海盗行为的定义并没有变化，都

---

① 'Gisborne', 'Naval Operations in the Malacca and Singapore Straits', *Naval Review*, July 1967, p.45.

比较狭隘和准确:"……在公海……或不属于任何一个国家司法管辖的海区……用于个人目的的任何非法的暴力行为、扣押或掠夺行为"①。这样看来,前文所说的印度尼西亚人攻击渔船的活动,虽然新闻界在报道时被称作海盗行为,但其实不然(因为并非出于个人目的)。实际上,"海盗"很可能是日常使用中被过分扩大的词语之一:西班牙内战期间用它指代轴心国潜艇,"鳕鱼纠纷"中指代冰岛和英国政府的船只,在1982年的布宜诺斯艾利斯指代玛格丽特·撒切尔夫人。虽然这些名称会追溯到大约19世纪时一些已经被废弃的概念,那些概念曾对海盗行为做了非常宽泛的定义,但它们没有一个能在现代法律中找到依据②。

海盗是所有人的敌人,即人类公敌。国际法允许并命令所有人尽全力挫败和捉拿海盗。然而,这只适用于公海。在一国完全管辖的范围内,该国必须制定并执行国内法禁止和打击海盗行为。新海洋法中可能包括这样的规定:一个是200海里专属经济区,沿海国在这里拥有某种管辖权;另一个是从领海基线起24海里的毗连区,沿海国可以执行财政、海关和卫生等法规。新海洋法可能为反海盗管辖权方面的争议提供了温床。当然,大部分海上国家会这样解释:沿海国家在领海内可以为反海盗进行立法(也应当严格执法),但在领海之外海盗应当被视为人类公敌。另一方面,一些沿海国家因为担心中等强国或超级大国对自己的主权水域进行干涉,可能主张对专属经济区内的海盗行为拥有管辖权。

---

① Law of the Sea Convention, 1982, Art. 101.

② 在 *Re Piracy Jure Gentium*((1934)AC 586)中,英国枢密院喜欢这一定义:"海盗行为是非合法战争行为的任何海上武装暴力。"但是它始终未被采纳。

令人遗憾的是,这不是个学术问题。世界上一些地区的海盗行为,特别是西非和东南亚沿海正急剧增多,商船的船长和船员都非常恐慌。如果某个沿海国一方面宣布在大范围内对海盗行为拥有管辖权,而在打击方面又无所作为,那她在全球海运界就不得人心。但是,这种情况并不十分罕见。

然而,大家都希望多数沿海国能够更加负责,将打击领海内的海盗行为作为一项执法责任。这虽然是个难题,但至少有这样的特点：海盗使用最少的资源进行小规模的零星活动,但不可能造成长期的破坏,而大规模的海盗活动需要依靠基地,这些基地必然会臭名远扬,只要下决心就能除掉。所有海盗都会经常接近陆地,因此只要部署警力,时刻保持警戒,就能筑起一道最好的防线。但是,在偏远地区,提出部署需求容易,实际进行部署就非常困难了。

一旦到了海上,海盗就更难识别。不去事前拘捕,事后反应通常只能令人遗憾。但是,随着海盗档案的建立,如果陆地与海上的治安部队能保持适当的联络沟通,这样在海盗活动猖獗之前,就可以采用多种办法将其根除。

发生在公海的海盗行为则另当别论,由于它只涉及船只,所以不能选择打击基地,虽然在历史上这曾是清除大规模海盗行为的最有效方式。即使海盗活动集中的海域相对有限,在公海进行全面的反海盗行动所需资源也非常巨大。自 1945 年以来,没有哪个中等强国或超级大国实施过此类行动。如果恰好就在附近,"在现场"的部队就能够提供帮助,而且这种偶然的行动会有一定的威慑效果。

8. 保护近海设施

沿海国家的法律也适用于保护近海固定设施,虽然有时需

要运用特殊方式运送当地警察,但是正常情况下执法工作也跟
陆地上一样。涉及近海设施的低强度作战行动,则具有不同的
特点。这种行动通常会针对有组织的暴力活动威胁做出反应,
威胁有的是来自恐怖组织,有的是来自另一个国家的武装力量。
这是低强度作战行动,从本质上讲是偶然发生的,涉及的也是相
对低层次的暴力行动。一场旨在夺取一个沿海国家所有近海能
源供给的战争,才会具有更高层次作战行动的特点①。

在过去的 40 多年中,油气设施日益普遍,但据记载很少有
针对油气设施的破坏、劫持或有预谋、有计划的毁损事件。因
此,这个现实情况让中等强国可以理性地认为这一问题是可控
的。这种期望是合理的,因为实际上油气设施并非轻易会遭到
破坏或劫持。一个人要想去一个地方必须找到去那里的路径,
也需要考虑如何离开。他可能遇到的地理和天气情况,都会给
他带来一定的困难。之所以说这种期望合理,还因为这种偶尔
发生的行动对公众的影响通常不像陆上的类似事件那样引人注
目。在许多国家,炸毁陆上一座电站会对几百万人的生活产生
极大影响②。但是,切断海上一条油气管道通常没有这么大的
影响。总之,近海设施这一目标既不容易受攻击,也没有吸
引力。

但这绝不能作为无视危险、麻痹松懈的理由。个别情况下,
近海设施可能会被看作引起注意的合适目标。接近这些设施非

① 此处的三个层次,参见 Vice Admiral Sir Ian McGeoch 的文章
"国家安全与海洋防御", *Oceanic Management: Conflicting Uses of the Celtic Sea and Other UK Waters* (Europa, London, 1977), pp.176-177.
② 1985 年 2 月 4 日,秘鲁的毛派游击队切断了首都的电源,作为教皇劝其放下武器的回应。

常困难，但是离开的困难更大，这对某些组织可能极具吸引力，比如伊斯兰圣战组织的"人体炸弹"。所以，在近海开采有巨大利益的中等强国需要为应对这种威胁做好准备。

当然监视和情报仍然必不可少，还有就是快速反应能力，只要有可能，就要对酝酿中的威胁和实际发生的袭击做出快速反应。

交战规则

无论是为了海洋利用还是海洋拒止，所有低强度作战行动都要受交战规则的约束，双方政府都会用这些规则对己方兵力进行限制①。制定这些规则，部分是为了满足国际法的要求，特别是自卫的需要，部分是为了确保国家的公众形象避免被指责为滥用暴力或好战，部分是为了确保冲突处于可控状态，保留谈判解决的可能性。虽然奥康奈尔认为美苏《防止公海水面和上空意外事件的协定》②（1972）是"一套国际交战规则"③，但低强度冲突中的各方极少公开讨论这类规则。这样，就有充分的余地进行指责和反驳，但这是冲突过程中正常交往的一部分，很可能在任何情况下都无法避免。

交战规则大致可以分为两类：一类支配部队采取主动行动，另一类支配部队采取应对行动。主动行动一般非常受限，限于机动调整、摆出必要的自卫或掩护阵形、在某些海上和空中区域航行，以及进行必要的监视和情报搜集活动。然而，如果是海

①　美国和苏联为防止海上偶发事件导致两国冲突而签署的协定。属于建立信任措施性质。1972年5月25日在莫斯科签署，同日生效，有效期3年。协定期满后，如双方均不提异议，则自行延长3年。——译者注

②　O'Connell, *The Influence of Law on Sea Power*, pp.169-180; Hill, 'The Rules of Engagement', *Navy International*, July 1975, p.8.

③　O'Connell, *The Influence of Law on Sea Power*, p.179.

洋拒止或领海控制类的作战行动,采取主动的规则可能会扩大到警告、阻止、登船和搜查,如果有必要的话还包括拘捕和使用武器。

应对性作战规则的制定通常更加困难,在实施过程中也更加关键。首先,是否允许预防性自卫,以及如果允许的话在什么情况下实施,都需要考虑。评估对手的意图、心态、装备和能力都非常重要。然后,必须正视长期以来的海上观察预警问题。在遭到攻击前,有时很难判断是否发生了敌对行动。无论是1967年以色列的"埃拉特"号驱逐舰,还是1982年英国的"谢菲尔德"号,在摧毁她们的导弹发射之时都未能及时发现。按照威胁等级次序,敌对意图就更加难以察觉。客观地说,潜艇的探测和识别就已经非常困难了①。单从外部观察来看,很难推断她是否要发射鱼雷或导弹,是否在进行监视,或者是否在尽量避开麻烦,即使是最有经验的操作员和最先进的装备也无能为力。

这些问题和国际法的约束让一些评论家将奥康奈尔的论述概括为"初始伤亡概念"②。也就是说,在放宽规则以准许采取慎重的自卫措施之前,初期的交战规则可能必然要承担伤亡的风险。正如奥康奈尔指出的,这里所讨论的是风险而不是必然性。例如,在锡德拉湾事件中,美国的参战飞机承受了被利比亚战斗机攻击的危险,而利比亚的确在美国实施报复前发射了导弹。

那么,在海上低强度作战行动之前和初期,交战规则就成为

---

① Hill, *Anti-Submarine Warfare*, pp. 44 – 48.

② O'Connell, *The Influence of Law on Sea Power*, p. 82. 据笔者所知,这一概念是由本人首先提出,参见 'Maritime Forces in Confrontation', *Brassey's Annual 1972*, at pp. 32 – 33.

政府和作战司令部必须要面对的紧迫和关键问题,而且对这些规则的改进和必要修改是持续不断的。中等强国一定要紧密关注这些规则：它们在国际关系和利益的体系中比小国失去的更多,也没有能力像超级大国那样在必要时可以无视那些体系,因此所处位置非常敏感。像往常一样,中等强国必须像狮子一样勇敢,像狐狸一样狡猾。

防护

低强度作战行动的一个特点,就是在高度紧张并可能发生袭击的前沿地区部署兵力,而这支部队兵力本身并不具备压倒性的实力。如果冲突意外升级,这些兵力可能会处于危险之中。这个问题对于中等强国非常关键,因为她会因此承受更多的压力。

由实力更强的兵力提供防护,能够在适当时间内对敌方的升级做出反应,并有可能造成敌方最终觉得将无法承受可能的损失,是周密筹划低强度作战行动的前提。中等强国坚持维持足够军事手段的原则,希望通过自身的资源来提供这种防护的主要部分。她特别希望有办法扩大和增加对手的麻烦,取得主动权,掌控局势。

但这种程度的自立并不妨碍对盟国的适度关注。事实上,部分中等强国通过措辞严密的条约或与盟国的共同利益,可能会认为自己大部分防护能力来源于盟国。过去这种信任有时证明是正确的,有时则不然。只要在低强度作战行动中没有实质性升级,中等强国就不会处于危险境地。因此,中等强国决不能完全依靠盟国的防护。既成事实一旦被接受,风险就太大了。

低强度作战行动：总结

低强度作战行动受限于目标、规模和区域,受制于国际法,根本称不上战争。这种行动需要仔细制定作战规则，可能会涉及武器系统的零星射击事件。低强度作战行动大概分为两大类：海洋利用和海洋拒止。海洋利用行动包括宣示权利和决心、应邀两栖登陆、源自正常状态下抵达现场的使命对国家利益的临时支援。海洋拒止行动包括反恐、反海盗和反走私任务。

为低强度作战行动组建的部队具有以下特点：出色的情报获取和通信能力、灵活而又有识别力的武器系统，以及在海洋或空中的高水平适航能力和续航能力。他们需要可靠的指挥和控制系统的支持，并且该系统对政府指示能够快速反应。特别是当实力较弱的兵力部署于作战区域后，必须有相应的防护措施，且能够对潜在或实际的战斗升级做出反应。

对于中等强国来说，这肯定难以做到。有些中等强国会选择或被迫限制低强度作战行动的区域。但令人沮丧的是，自1946年以来130多次分别"公布"的对抗态势中，各国都认为有必要进行这种作战行动，其中多数国家都曾被称为中等强国。这类作战行动的起因没有减少，实际发生的频率也没有降低。很可能，中等强国在海上实施的低强度作战将继续成为当今时代的一种现象。

四、高强度作战

海上高强度作战可以解释为有组织的激烈对抗行动，冲突双方出动舰艇和飞机，并使用主要武器。然而，它们并非没有约束，否则就是全面战争的规模了。因此，它们在目标、规模和区域等方面仍然有限制，但与低强度作战行动的限制又有重要区别。

目标

高强度作战行动通常有一个用军事术语表述的目标。"夺回福克兰群岛"、"占领北塞浦路斯"、"进攻并击沉在卡拉奇港（Port of Karachi）的巴基斯坦船只"、"封锁比夫拉"、"拦截埃及装备导弹的水面舰艇，确保通往以色列港口运输通道的安全"。这些指示有可能是中等强国在1982年、1974年、1971年、1968年和1973年分别对参加高强度作战行动的部队下达的。上述语句不一定准确，政府也不愿意公开这些关于攻击目标的声明。但这是英国、土耳其、印度、尼日利亚和以色列等国的部队计划去做的，而且实际上也是这么做的。

存在明确的军事目标并不意味着可以忽略政治目标。但在高强度作战行动中，无论是从重要性还是从时机上来讲，政治目标不再处于首位。"我们先完成军事任务，以后再解决政治问题"的观点并不少见,至少持这种观点的政治家和军人一样普遍。

但是,政治考虑的一个重要作用就在于限制军事目标。英国在1982年没有攻击阿根廷本土,印度在1971也没有入侵西巴基斯坦,因为上述行动无论从军事角度看多么可取,但产生的后果会损害国家的政治利益。这些约束并不仅限于陆上,也适用于海上,1971年印巴战争看起来就是如此(实际上非常不成功,至少有一艘中立商船无声无息地消失了)。

规模

对于目标的限制直接影响了高强度作战行动的规模。对目标的限制使参战兵力非常苦恼,特别是那些依靠速度或隐身来取得战果的兵力,因为他们既没时间也不愿意进行必要的识别。然而,在高强度作战行动的初期,通常都会存在这样的限制。

仅仅因为缺乏某种兵力或某个兵种,就可能导致对行动规模的限制。如果冲突双方都没有潜艇,那么这场冲突就少了一个维度。但如果有一方或双方拥有潜艇却不愿意冒险使用,结果也是相同。这类事件中唯一的区别就是,保留不用的武器可以当作一种防护,在威慑冲突进一步升级,或者紧急情况下使用。

当盟国没有介入或部分介入时,也会出现对高强度冲突可能的规模限制。值得注意的是,在本部分开始所举的例子中(当然全都包括真正高强度冲突的所有海上要素),事后看来可能根本就没有盟国的主动参与。关于苏联可能介入支持阿根廷、中国支持巴基斯坦以及法国支持比夫拉的说法,只不过是哗众取宠罢了。也许苏联和美国更有可能介入"赎罪日战争"①，但后来的分析表明，即使著名的"警告"也不过是两个超级大国精心策划的传递信号而已，目的是给各自的拥护者打气鼓劲。

最后，高强度作战行动的规模受制于交战规则②。当然，此类规则会比低强度作战行动中的规则更加宽松，对双方海上和空中作战指挥官的思想也不会产生重要影响；然而，这些规则仍会存在，受对手行为的限制，起初可能会像低强度作战行动一样严格，特别是就任何新的作战形式（例如涉及使用潜艇）而言③。但是，由于高强度作战行动更普遍、更激烈，这类规则通常很快就会放宽，所以除了海上救生等行动外，对手的行为在己方决定是否采取行动方面不会具有太多意义。有些行动会使冲突扩大或升级，如首先使用超视距导弹，首先使用潜艇甚至战术核武器，这时采取主动行动的规则将受到更大影响。

国家在考虑这些行动规则时，必须将武器的优势和差别考虑在内。一些武器用来瘫痪敌方兵力，一些用来击沉或击落对方的舰船和飞机，许多武器根据击中部位和方式的不同可以达到这两种目的中的任意一种，但这并不是故事的结束。在规模有限的战争中，打击目标非常重要，甚至高强度作战行动的交战规则也可能会做出严格规定，要求进行明确识别。击沉"路西塔

---

① 第四次中东战争（又称赎罪日战争、斋月战争、十月战争）发生于1973年10月6日至10月26日。起源于埃及与叙利亚分别攻击6年前被以色列占领的西奈半岛和戈兰高地。

② D. P. O'Connell 在 *The Influence of Law on Sea Power* (Manchester University Press，Manchester，1975)第169—180页中说明，作战到了更高等级后，以自我防御为基础的交战规则就会修改和放松。

③ D. P. O'Connell，in *The Influence of Law on Sea Power* (Manchester University Press，Manchester，1975)，p.128.

尼亚"号①的武器毕竟是一枚普通的鱼雷而已。

区域

海上高强度作战行动中对区域进行限制,是一个非常吸引人的观点。它表达了使冲突保持在一定限度的愿望,也向中立方发出远离作战区域的明确警告。如果对方默认或以其他方式表示同意,就可能让部队在作战区外进行休整和轮换,在可能达成军事目标的区域,理论上允许非常自由的交战规则。

但这种观点也有许多不足。

"……自卫原则被彻底摒弃了;从历史上看,这种区域通常会扩大;除了地理空间,它几乎没有让战斗升级的余地;而且,它赋予了作战区域外的远程导弹兵力极大的优势:能够在合适的位置连续发出角球洞穿球门。"

这段话写于1972年,但从那之后发生的事件来看,它几乎不需要作什么改动②。

在"赎罪日战争"中,海上高强度作战行动没有明确宣布区域。虽然关于那场战争的全部历史仍待研究,但当时以色列军队因地利优势而拥有高度的行动自由,而且他们似乎利用这种自由取得了很好的战果③。面对数量占明显优势且装备更远射程导弹的埃及和叙利亚部队,他们击沉敌方舰艇多达15艘,而

---

① "路西塔尼亚"号英国皇家邮轮,1915年5月7日由美国纽约驶至爱尔兰外海时被德国潜艇击沉,造成1 198人死亡,其中包括大量美国人。美国国内"立刻对德国宣战"的呼吁十分强烈,成为美国参加第一次世界大战的导火索之一。——译者注

② J. R. Hill, 'Maritime Forces in confrontation', *Brassey's Annual 1972* (William Clowes, London, 1972), p.33.

③ N. Safran. *Israel — The Embattled Ally* (Belknap Press, Harvard, 1978), p.311.

自己却毫发无损。

相比之下，1982年的福克兰群岛战争中，英国以福克兰群岛中心为圆心，宣布了一个半径为200海里的完全禁航区①。在这个禁区，不但阿根廷的军舰和辅助船，包括任何其他支持此次非法占领的军舰或者商船，都将被"视为敌人"并"可能受到攻击"。这个规定"并不影响英国根据《联合国宪章》第51条在行使自卫权时可能需要采取任何额外措施的权利"②。

有人向笔者非正式地解释了禁航区的好处，认为其具有"政治"利益。可能除了本部分开头所讲的优势外，还需要或希望通过各种手段强化英国继续宣称拥有福克兰群岛的合法性。如果当时没有宣布限制区或封锁区，可能会被认为默许了阿根廷的占领。

这一法律诡辩也许应该通过相应的法律声明来应对，这种法律声明与政治军事声明完全对立。在此次事件中，完全禁航区被证明是严重的政治军事失误，甚至可能导致军事灾难，因为它可能让英军从侧翼受到包围。如果5月2日早上继续刮风，特混编队可能会受到航母"五月二十五日"号舰载飞机的攻击，因为该航母正好部署在完全禁航区外西北海域③。与此同时，"贝尔格拉诺将军"号巡洋舰在两艘导弹护卫舰的支援下，恰好

---

① 围绕一点划定区域应该排除一种可能，即英国不应宣布一个与经济区巧合的安全区，(如果宣布过)它距离福克兰群岛基线将是200海里。然而，在此背景下，200海里是一个不幸的选择。

② *Keesing's Contemporary Archives*, p.31709.

③ J. Ethell and A. Price, *Air War South Atlantic* (Sidgwick and Jackson, London, 1983), p.75.

部署在完全禁航区外西南海域,可充分利用突袭取得战果①。尽管"贝尔格拉诺将军"号巡洋舰晚上 8 点被鱼雷击中,但如果它能够在黎明时依然存在的话,在许多人看来,对避难所的那片海域仍然可以构成严重威胁。

这艘巡洋舰沉没后,完全禁航区存在的政治缺陷又暴露了出来。后来,阿根廷军方评论员并没有对沉没事件感到"暴怒"。他们认为,战争形势及所有的潜在危险在前一天轰炸斯坦利港的跑道时就已经开始了②。但是,阿根廷当局完全清楚英国"违反自己的规定"所带来的宣传优势,也最大限度地利用了公众的同情心。

事实上英国政府曾发出过警告:"行使自卫权时,如有必要将会使用任何其他措施",包括在特混编队周围所有相关区域进行预先自卫,但警告基本被随后的喧闹淹没了。这一明确的禁航区限定了范围,乍看上去让人对它的简单明了感到放松,但也正是这一点迷惑了公众,英国当局也没有尽力消除人们的这个误解:完全禁航区在某种程度上对英军而言是庇护所,而该区域之外则是阿根廷的庇护所。

这种事情一旦出了问题,事后通常会变得更严重。在写作本书时,关于如何处理此事的分歧仍在继续——无论它多么可以理解,也无论那些动机可疑的人多么配合。"贝尔格拉诺将军"号事件的真正原因是完全禁航区本身。

这些苛刻的批评未必会推翻这一观点,即高强度冲突通常

① Rear Admiral Sir John Woodward, ' The Falklands Experience', RUSI, *Journal*, March 1983, p. 28.

② R. L. Scheina, 'The Malvinas Campaign', US Naval Institute, *Proceedings*, May 1983, p. 107.

会有区域限制。然而，更确切地说，区域限制是基于参战兵力的目标和能力。例如，1971 年印巴战争中，似乎从来没有宣布任何限制。印度决定不从陆上进攻西巴基斯坦，但这并不妨碍印度导弹艇对卡拉奇实施打击。事实上，这次行动所造成的影响已经不仅仅是将巴基斯坦海军"憋在瓮中"，无法从海上增援东巴基斯坦，在有限的时间内，这可能也超出了巴基斯坦的能力范围①。同样，美国虽然没有明确宣布，但高强度冲突在越南近海的作战区也是受限制的②。通过研究第二次世界大战以来其他几场更高强度的海上作战行动，我们可以获得事实上有明显区域限制，但没有明确界定的更多案例，如南沙群岛、西沙群岛、东帝汶作战行动，两伊战争以及更早的朝鲜战争。

对于无辜者，特别是中立者和旁观者，这当然不是理想的解决办法。有一件事一直让笔者铭记，那是 1956 年在东地中海看到与航母特混编队混杂在一起的 6 艘商船，疯狂地开足马力从可能成为战场的地方离开，这些场面有助于说明高强度作战行动的区域界线。

高强度作战行动的种类

高强度作战行动可以分为两大类，即海洋利用和海洋拒止，不过在大多数行动中这两类行动可能会并存，甚至融合在一起。下面先从海洋利用行动谈起。

1. 对抗状态下的船只通行

这是 20 世纪两场主要战争中最重要的单一海洋利用行动。

---

① Vice Admiral S. N. Kohli, Lecture to the Indian Staft College, 1979.

② O'Connell, *The Influence of Law on Sea Power*, p. 177.

大家常常认为，虽然这不是决定战争获胜的行动，但如果不成功，就可能会导致战争失败①。虽然世界大战很少只具有"高强度作战行动"的特点，但是船只通行的原则作为跨海作战胜利的先决条件，在这样的冲突中似乎完全有效。

用"似乎"这个词，是因为事实上自1945年以来在所有高强度作战行动中没有抵制船只通行的系统记录。朝鲜、苏伊士、印巴（两次）、越南、赎罪日、塞浦路斯、东帝汶、南沙群岛、西沙群岛、福克兰群岛战争中：除了极偶然的情况下，运输船只从未在公海受到水面或水下攻击。

这一点非常值得注意。这并非说船只通行似乎无关紧要或可有可无；上文提到的一半冲突中，船只通行对海上行动非常重要，因为这些通行最终会成为海上入侵行动。在这些事件中，每次抵制通行的失败都是可以解释的：在苏伊士，埃及军队的训练水平太低；在塞浦路斯、南沙群岛和西沙群岛，成功的突袭没有给反应迟钝的一方任何机会；在东帝汶，海上没有部署有组织的抵抗兵力；在福克兰群岛，英军在5月18日（两栖运输船在这一天抵达作战区域）前取得了海上优势，这有助于威慑阿根廷的协同行动。单靠协同行动，阿根廷就可以扰乱运输船前进——其他的事情则由天气完成②。

由于缺乏先例，所以产生了两种观点。第一，保护运输船只的概念几乎没有实证支撑；演习和理论模式虽然足够好，但作战经验更为重要。第二，有种倾向或偏见认为，既然在过去30年

---

① P. M. Kennedy, *The Rise and Fall of British Naval Mastery* (Allen Lane, London, 1976), p. 259.

② Ethell and Price, *Air War South Atlantic*, p. 98.

的 11 场作战行动中，这种情况没有发生，那就不可能发生，也就没必要进行计划和准备。

这两种观点都非常危险。根据实际发生过的其他形式的海战进行推断，可以减少第一种观点的影响。例如，赎罪日战争和福克兰群岛战争在武器消耗、反导措施和理论单发命中概率不稳定等方面都有许多启示。第二种更加不可取。如果满足特定条件，在没有遇到激烈抵抗的情况下，运输船只的单次通过行动能够实现，这一推断也许十分可行，但问题就出在这里。一个中等强国仅通过策划者待在办公室里思考这样的作战行动是不行的，需要进行特别严格的风险评估，然后才能实施任何涉及己方船只无障碍通过作战区的高强度作战行动。突袭、威慑和对手的无能也许让风险看似能够接受，但真要接受则需要一位勇敢的策划者和一位更加勇敢的指挥官。

如何保护运输船只，特别是如何应对潜艇和导弹的威胁，是许多国家的战争学院讨论的永恒话题。本书不是战术手册，读者需要到其他地方查阅相关内容①。这里需要说明的是，运输船只要成功通过对抗区域必须有两个前提：运输船只必须有组织，而且必须受到保护。从历史上看，"净化"大面积海域，即清除大片海域内的敌方兵力，好让运输船只自由行动——这一观点已经被证明无效，代价很高，而且也没有理由认为今天它会更有效。特别是，在这方面的任何努力都可能超出中等强国的实

---

① P. Nitze *et al.*, *Securing the Seas: The Soviet Naval Challenge and Western Alliance Options* (Westview Press, Boulder, Col., 1979); J. Winton, *Convoy: the Defence of Sea Trade* 1890 - 1990 (Michael Joseph, London, 1983); J. R. Hill, *Anti-Submarine Warfare* (Ian Allan, Shepperton, 1985)

力。所以,运输船只的组织一定要相当严密,保护一定要非常周全。

在其他国家进行高强度冲突过程中保护中立的运输船只,是中立的中等强国可能遇到的问题。在"阿曼湾巡逻行动"中,英国和法国显然在一定程度上进行了准备。尽管这里曾发生过许多次针对运输船只的攻击,但他们对波斯湾内部水域的行动并没有干预,表明这种保护是有限的。

2. 两栖登陆

自第二次世界大战以来,两栖登陆已经成为中等强国所实施的少数高强度作战行动的特征。几乎所有登陆行动都获得了成功,事实上(就像戈尔什科夫①指出的),无论在第二次世界大战期间还是之后,两栖登陆失败的事件都少得令人惊讶。

出现这种现象,是因为在这之前(即失败率非常高的时期),两栖作战基本上都是临时拼凑的,而后来此类作战行动都是精心组织的,并由经过专门训练且使用两栖运输船只的部队实施②。

对一个中等强国来说,两栖作战行动的目的与维护海洋利益也许有关,也许无关。土耳其入侵塞浦路斯,就与海洋交通或开发毫无关系。而另一方面,越南对南沙群岛的占领,与确保资源享有权密切相关。说到底,这并不是让作战行动计划者非常

---

① 戈尔什科夫(1960—1988)。前苏联国防部副部长,海军总司令、元帅,提出了20世纪的国家海权的核心思想,提出均衡海军的思想,将苏联海军发展成为具有强大远洋作战能力的海军。代表作品《战争年代与和平时期的海军》《国家的海上威力》等。——译者注

② *The Military Balance*,1983-1984 表明,10 个北约国家、4 个亚洲国家和 5 个南美国家拥有海军陆战队。有些国家成立这种部队与其说是与战略眼光有关,倒不如说是与美国海军陆战队产生的魅力有关。

担心的事情。在两栖作战行动中,军事目标占有重要地位。毫无疑问,这时交战规则依旧存在,而且会异常复杂,因为除了陆战,还将涉及海战和空战。

保护运输船只的所有要求,也都适用于两栖登陆——无论是在航行过程中,还是在登陆地区。要获得这样一片区域,通常被认为是一个特别困难的作战问题。为取得胜利,一定要最大限度地利用地理和水文条件、突袭、欺骗、威慑和直接保护。显而易见,无论福克兰群岛战争,还是苏伊士和塞浦路斯战争,这类作战行动会使中等强国的资源承受极大的压力。的确,在苏伊士战争中,资源非常紧张,结果造成的拖延耗尽了国际社会的所有同情,复杂但有效的军事登陆最终以失败告终,这一教训对后人有着重要影响。

3. 对岸轰炸

在所有炮舰外交的作战行动中,对岸轰炸在公众心里可能是最典型的,通常也是最受谴责的。轰炸冷酷无情地从远处实施,从心理上对平民的影响非常大①。

使用舰载机进行轰炸,似乎也要考虑同样的影响。美国从空中轰炸越南,虽然可能不像越战的其他方面那样有效地扭转美国民众感情,但在这场战争中,确实导致国内舆论甚至世界舆论开始反对美国。

因此,作为高强度作战行动的一个方面,无论用火炮、导弹还是飞机从海上对岸上领土进行轰炸,中等强国都必须经过慎重考虑后才能实施,而作为两栖作战行动的一部分,肯定要采用

---

① 阿根廷人在福克兰群岛的日记中多次提到轰炸会让人心里不安,尤其是能削弱不能还击的步兵的士气。

一种有所区别的方式。就福克兰群岛战争而言,军事目标清楚明确,平民数量较少,因此可以广泛地轰炸;而在1983年的黎巴嫩战争中,美国海军战列舰"新泽西"号用16英寸火炮向著名的民兵阵地开火,则引起了很大争议;这种情况下,即使发起攻击的是一个中等强国,情况可能也区别不大。多年来,与登陆或岸上作战行动无关的惩罚性轰炸,好像在中等强国的冲突中没有出现过,不过这并不出人意料。

4. 通行拒止

通常,高强度作战行动并非在任何方面都是简单的,但是理论上最简单的一种高强度作战行动是:对抗双方中一方试图利用海洋通行,而另一方则试图阻止。当然,这种类型的拒止在过去40年里曾经发生过,但它没有导致高强度作战行动发生。古巴封锁①是这类事件中最典型的案例,但也没有造成交火事件。由于被拒止方的默认,几次通行拒止作战行动在低强度层次上都取得了成功,事实上看起来就是如此。从另一方面讲,两伊战争中有一次出现了猛烈交火,所涉及区域限定在一片十分狭小的沿岸水域②。但同样有趣的是,尽管保护最少且保险费用极高,但航行通过仍然继续进行。

即使有这些反面证据,但选择拒止敌方通行肯定是许多中等强国计划的一部分。如果利用海洋进行这种通行能带来极大收益(当然经常如此),那么拒止就有许多吸引人之处——虽然

---

① 1962年10月22日,美国总统肯尼迪发表无线电—电视广播演说,悍然宣布对古巴实行军事封锁,并将采取一系列措施,来加强封锁古巴的行动。——译者注
② 尽管信息并不全,但是大多数进攻都发生在对手的领海范围内。参见 O'Connell, *The Influence of Law Sea Power*, pp. 130 - 131.

拒止可能会造成诸多不利条件，如冲突升级、失去公众支持、以牙还牙等。当今时代，进攻手段通常比防护手段具有更高的效费比，而且在海上、空中及水下都有进攻模式，因此吸引力也相应更大。

5. 海上禁区

自第二次世界大战以来，如果说通行拒止在高强度作战行动中相对罕见的话，海上禁区却并不罕见。在福克兰群岛战争中，虽然"完全禁航区"规定和约束得很死，但却明确表示将进行区域内海上拒止行动。而它之所以引人关注，是因为对于拒止方来说，海洋拒止同时也是海洋利用。

在1979年的印巴战争中，印度试图阻止所有巴基斯坦运输船只靠近东巴基斯坦，并且取得了成功①。在赎罪日战争中，至少存在两个区域禁航的情况：以色列试图将对方拒于以色列沿岸之外，并通过进攻行动取得了胜利；埃及试图封锁曼德海峡，后来却放弃了行动，显然是因为美国海军舰船"汉科克"号的出现②。针对驶往以色列的船只，埃及威胁其要封锁亚喀巴湾，由此引发了1967年6月的战争。而且，同样作为海洋利用的伴随产物，美国在朝鲜战争和越南战争中阻止靠近其航母作战区的做法却司空见惯。

我们似乎可以从中找出一些共同点。首先，海洋拒止行动通常都有一个非常合理的目标，即确保己方利用海洋；换句话说，这种行动近乎于海上力量的一次典型运用。其次，它通常是

---

① Kohli, lecture.

② J. Cable, *Gunboat Diplomacy*（Macmillan, London, 1981），p.20.

实力较强一方的特权。这是自 1945 年以来大部分冲突中双方的差别,实力较弱一方没有严重挑衅较强一方,而实施的海洋拒止在一定意义和有限区域内都取得了成功。在曼德海峡,弱势一方试图进行拒止,但当面对中等强国的威慑时,还是做出了重大让步。

纵观历史,实力较弱的国家拒绝实施拒止行动,是海上作战行动的一个特点。但是,中等强国不应将其纳入作战计划。阿根廷未能阻止英国特混编队参战,这是南大西洋战斗的关键失误。在高强度作战中,一个国家决心将一片海域用于重要战略目的,并将对手拒于该海域之外,肯定会导致对方的坚决抵抗、向盟国求援或者接受失败。抵抗是向盟国求援的前提,盟国不可能帮助一个消极的求助者。当两个实力相差不是非常悬殊的国家在争夺海上控制权时,结局就是,传统海权理论家所钟爱的方法:战斗。

战斗

海上战斗的一个特点是,有初期、中期和结束三个阶段。初期可能会持续很久,正如科贝特所说:"必须持续努力才能迎来海军历史上引人注目的伟大时刻"①。正如本书曾提出的,它通常是在试图进行海洋拒止的背景下,产生的对海洋利用的需要和运用。它可能是由没有明显关联的作战行动引发的,如政府不能容忍的侵扰或封锁,特拉法尔加海战就是因拿破仑受挫而开始的。

无论战斗怎样逐步进行,它肯定是一个战术整体。从这个

---

① 引自 G. Till, *Maritime Strategy and the Nuclear Age* (Macmillan, London, 1984), p.105.

角度来看，"大西洋之战"这个颇能唤起感情的说法其实用词不当。ONS5 护航编队航行通过是一场战斗，1939—1945 年对大西洋的利用则是一场战役。在战斗中，双方指挥官在心中要有（或应当有）简单明确的目标——从根本上讲属于军事的目标，即"摧毁敌人的航空母舰"；"护航编队安全及时地抵达"；"禁止敌方部队通过某海峡"。交战规则也会比其他形式的高强度作战行动更宽松，也许只是受限于发射核武器和向中立方开火等相关条款。

战斗会涉及海洋环境的所有维度：水面、空中和水下。维度越多，所牵扯的指挥和控制协调就会越复杂；在现代条件下，岸上指挥所会在很大程度上参与其中。然而，海上战斗的胜负很大程度上肯定与现场指挥官有关。

最后，战斗结束。总会有一些人感到难过，有时甚至所有人都不满意。模糊的结果就像明确的结果一样寻常，而很多战斗的结果是明确还是模糊甚至都不确定。关于日德兰半岛海战影响的争论也许永远也不会平息。但是，这不是不打仗或将行动控制在战斗以下层级的理由。事实上，海洋利用和海洋拒止到了紧急关头，就会发生战斗。如果战斗结束时取得了明确的胜利，肯定将影响冲突的所有其他方面。如果是这样，就像佩皮斯①曾说过的："只要我们控制着海洋……但这不是什么可以夸耀的大事"，也许这就是所需要的一切。但是，如果中等强国计划永远不打仗，那么她们可能会在非常不利的条件下遭遇战斗。

———————

① 佩皮斯（Samuel Pepys，1633—1703），17 世纪英国作家和政治家，曾任英国皇家海军部长，是英国现代海军的缔造者，他治下的皇家海军舰队为日后英帝国统治海洋打下了坚实的基础。——译者注

五、全面战争

从定义来说,全面战争是超级大国及其盟国之间发生的武装斗争。普遍认为,它具有最终升级到大规模使用核武器的风险,所以要尽一切手段阻止此类战争。

中等强国可能会赞同这种观点。一些面积更大和更偏远的国家,如澳大利亚和巴西,会认为自己有可能远离这些致命的战争,而且在兵力结构的设置上也将这种可能性上升到最大。但多数中等强国人口稠密,工业化程度高,处于重要战略位置,她们不会有这样的选择,而必须致力于谋求威慑安全的最大化。

在全面战争的威慑方面,或者威慑失败后进入全面战争,中等强国的角色肯定会起一定作用。无论她们在低强度战争中以及全面战争准备方面如何独立,她们在军事力量的组织指挥方面要比那些超级大国低一个数量级,后者仍然主导着陆上和海上战争。

这并不是说中等强国只能是螳臂挡车。她们的有些贡献肯定是独特的,也有少数贡献会有重大影响。可以想象一下,比如法国和英国的战略核威慑对威慑超级大国的某种行动方针会非常重要;在中欧陆上战争中,法国参与的形式和时机都非常关键。

在海上也一样，大家会期望中等强国承担一定责任。历史表明，附属国家的部队与起主导作用的盟国联合作战，效果不一定总是很好或受欢迎。西班牙和法国的联合舰队通常都表现得特别不好；第二次世界大战期间，意大利潜艇在大西洋战场上对德国几乎没什么帮助；1945—1946年期间，英国太平洋舰队跟美国人的关系一直很差。如果中等强国在作战行动的某个领域支援主导盟国，情况通常会好得多。例如，第二次世界大战期间的大西洋反潜作战，主要由英国负责实施（英国在当时背景下也许很难算是中等强国），结果非常成功。

虽然已经为盟国海上兵力的联合作战做了很多准备，特别是对具有高度组织性的北约而言，战时海上联合编队是否经得起盟国的拖累，仍然值得怀疑。华约就不存在这个问题，因为东欧国家的海军都不能进行远洋作战。诸多迹象表明，美国航母编队的作战方式，特别是通信方式，使其与盟国舰船或飞机的协同作战困难重重。支援可以，但不能完全参与。许多欧洲国家的海军本来就是地区性的。

这些因素表明，即使是全面战争，中等强国海军也要拥有一定程度的自主权。在作战和后勤方面，某些能力可以依赖盟国，但需要通过惯例和程序进行适当安排。在全面战争的多种威胁下，中等强国至少能够在本土保护自己。美国高度机动的地面部队不会总是在烟雾信号的范围之内。

全面战争中海上作战行动的特点千差万别。但一般来说，它与前面所说的高强度作战行动遵循着同样的模式：运输船只通行、两栖登陆、对岸轰炸、航行拒止、区域封锁和战斗等，但是它将军事目的置于优先位置，对区域和范围的限制极少。它们在很大程度上相互影响，处于主导地位的超级大国在战争谋划中更是如此。

然而,有一个方面必须受到特别关注,因为它会从根本上影响中等强国的海上战术。即在海上大规模使用核武器的可能性。虽然开始时肯定受限于政治因素,但战术核武器确实可以使使用者在反潜和反舰作战中具有相当大的优势。杀伤半径大幅增加,给对手造成战术限制。为使整个兵力受到爆炸和辐射微尘的影响最小,对手会被迫采用相应的阵形,而这些阵形就战术的其他方面而言并不可取。另外,超级大国在海上确实拥有非常庞大的核武器库。据说,美国海军有 65 艘护卫舰、78 艘驱逐舰和 27 艘巡洋舰携带着核武器①。想必它的所有航母也携带着核武器。

中等强国应当采取怎样的预防措施来应对此类战事,意义重大。这不单纯是决定自己是否生产和携带战术核武器的问题。当前只有少部分中等强国有这种能力,但很快就会有更多国家加入这个行列。但是,如果超级大国战术核武器的数量极大,可能会被认为对盟国影响相对较小,优先等级也较低。更为重要的是,为防御核、生、化武器而采取的措施费用巨大。如果严格对待的话,在舰艇设计时这种防护也是要考虑的重要因素。

最后,在全面战争中,那些选择在海上使用战略核威慑的中等强国将加倍关注自己的行动安全。如果弹道导弹潜艇从基地出发实施军事行动,就应当特别关注它的海上通道;如果战争拖得太久,潜艇的出航和返航也需要重点关注。

但是,归根结底,中等强国对全面战争的准备是一个需要讨

① Joel J. Sokolsky, 'The US Navy and Nclear ASW Weapons', US Naval Institute, *Proceedings*, December 1984, p.153.

论的最基本的政治问题。一方面是威慑其他国家不要发动此类战争、超级大国联盟所付出的代价。另一方面则是全面战争固有的不可能性和发生全面战争时超级大国的优势，以及如果为应对此类战争进行过度准备，执行其他任务时对兵力结构进行的调整。

然而，对于西方的中等强国来说，有一条捷径是不能走的。基于不会发生长期战争的考虑，只对短期的全面战争进行计划，对于一个依赖海洋的盟国来说，这种计划绝对是失败的。如果不从美国得到援助和补给，原料储备和预置军火就不足以在欧洲维持一场传统战争。趁早使用核武器是确保两败俱伤的好方式。因此，如果不继续利用大西洋，北约的任何主要战役都不要指望取得胜利。

六、作　战　范　围

概括地讲,作战范围可以定义为从本土基地到作战地点之间的区域①。在 1981 年和 1982 年的戈斯波特研讨会上,作战范围是讨论的焦点问题之一。此前,这个问题在马里兰大学凯莱赫(M. D. Kelleher)教授及其率领的研究小组的研究成果中也占有同样重要的地位②。关于作战范围,有四个问题需要说明：利益、作战行动类型、作战层级和持续力。

利益

如果一个中等强国在其专属经济区外没有更多的重大利益,那么她会认为作战范围没必要超出专属经济区。正如前文所说,这样的国家少之又少。某些南美国家按本书所列的标准可以认为是中等强国,她们大多将海军的活动控制在专属经济区以内,但这更多是由于财政预算的限制而非她们主动为之③。

---

① J. R. Hill, 'Maritime Forces for Medium Powers', *Naval Forces*, Vol. 5, No. 2 (1984), p. 29.

② Catherine M. Kelleher, 'Alternative Models for Medium Power Navies', in G. Till (ed.), *The Future of British Sea Power*, pp. 240 and 242.

③ D. P. C. Ferreira, *The Navy of Brazil* (National Defense University, Washington, 1983), p. 31.

巴西、阿根廷和智利等国家的专属经济区虽然面积很大，但这些国家对海上利益区域的渴望绝不止于此。

这为利益和力量间的密切关系提供了例证，这种关系隐含在大多数海上力量的规划中，在作战范围方面也特别重要。一如既往，我们再次回到了最基本的问题：哪些将被视作核心利益？一辆印度坦克在伊朗哈格岛被炸，对印度真的很重要吗？如果驶往哈格岛的所有印度坦克被一辆辆炸掉呢？这些例子和假设可以成倍增加。尽管将方案作为制订计划的根据并不好，但在计划制定阶段却有助于进行检验。这种情况下，它们有助于确定可承受的限度，并由此确定维护远方利益的风险要素。

当作战范围被纳入考虑后，中等强国所关注的显然就不仅仅是贸易和通道的问题了。虽然海外领地和责任可能是沉重负担，但对于一些中等强国来说，它们也许认为对远离其海岸的完全独立的国家进行援助是道德上的义务。在特定利益区域，一种整体上稳定友好的氛围被认为可以通过将作战范围扩展至该区域来实现。不过，有些情况下，作战范围的扩大可能被认为是无济于事抑或会削弱友好关系①。

所有这些都表明，利益和作战范围的相互作用是非常微妙且涉及多种因素的，需要仔细分析，统计数据只能作为论据的一部分。

作战行动类型

对作战行动类型进行界定，将有助于控制和限制参战的兵力。最佳案例是英国政府在 1966 年做出的决定：在没有盟国

---

① 印度作家和政治家坚持认为，美国在印度洋的存在，尤其是迪戈加西亚岛上的设施，会产生不稳定的影响：P. K. S. Namboodiri, J. P. Anand and Sreedhar, *Intervention in the Indian Ocean*（ABC Publishing House, Bombay, 1982）, pp.129 - 130.

参与的情况下,将不会对敌方实施两栖登陆①。这个决定后来证明是错误的(至少在 1982 年政府认识到了这一点),但那与本章内容无关。它是与作战范围密切相关的一个战略评估,并且的确会对兵力结构产生影响,因为在废弃新一代固定翼飞机航母计划时,就受到了这一关键概念的影响。皇家海军陆战队承担了北约在挪威北部的任务,而且迅速适应了这一角色,尽管受此影响,但两栖部队的特点并没有太大变化,然而显而易见,这是另外一种重要的作战行动类型。

与此类似,一些国家可能认为,对他们来说海洋利用的范围不能超过作战范围,但能够在离岸更远处进行海洋拒止行动也是有意义的。这可以看作:为了保持国家领土完整,尽管还无法应对弹道导弹的攻击;威慑地区冲突时的干涉;阻止外部势力在利益区域大规模集结②。

军事存在,特别是港口访问性的非长期部署,是一种相当普通也非常容易实现的远距离行动。过去,这种部署要冒很大的风险,需要大量的外交准备和后勤筹划,但那个时代已经离我们远去了。不过,新兴的中等强国仍然需要对其在这一领域的首次冒险进行认真筹划。

海上力量的管理职能也会受到作战范围的影响。如前所述,一些国家的专属经济区范围极大,但沿岸基地很少,因此相关兵力的作战范围就需要很大。远洋捕鱼船队同样需要在专属经济区之外获得支援,这类支援在性质上常常超越了军事或非

---

① Cmnd. 2901 (1966), Section II. para 19.

② Capt. K. R. Menon, 'The Sea Denial Option for smaller Navies', US Naval Institute, *Proceedings*, March 1983, pp.119 - 120.

军事，需要国家的关注。

作战层级

作战层级可能涉及任何特定的作战范围，它在中等强国制定计划时是一项重要因素。"多远"和"多少"相结合，就会引发一大堆附带的问题。为维护既定利益，需要做什么？在离本土更近的地方可以做什么？构成力量的其他要素能起什么作用？盟国会在什么时候、多大程度上介入？

这些问题都需要深思。例如，英国政府不愿在更大作战范围内为高强度作战行动进行筹划，结果导致英国海军武器库出现多项空白，并在福克兰群岛战争中暴露出来。最关键的是缺少空中早期预警，造成战争中人员和船只的损失①。从另一方面讲，1963 年法国与巴西的"龙虾战争"中，尽管拥有将冲突升级到高强度冲突的作战范围，但法国仍将其战斗部署保持在可控的较低层级②。当然，后勤方面的需要以及高强度作战兵力执勤的持续力等，可能确实对法国将对抗保持在较低层级产生了影响。

与大多数海上计划不同，冲突层级和作战范围的结合需要慎重地评估风险。有些中等强国会拥有掩护性的海上兵力，并拥有足够的作战范围以支援实施低强度作战行动的兵力，它们在理论上能够参与高强度作战，或能立即加入到已经升级到该层级的战争。掩护性兵力在理论上的作用比实践中更大，它们可能不会出航，并不意味着它们没有用处，对手不能忽视它们，盟国也不能忽视它们，但越是虚张声势，就越可能遭到失败。

在此类风险评估中，作战方案有助于检验作战计划。的确，

① Cmnd 8758，para 228.

② J. Cable, *Gunboat Diplomacy* (Macmillan, London, 1981), p.239.

在作战层级与作战范围结合的问题上,可能经常会听到被激怒的计划者大喊:"给我们一个方案吧。"但是,绝对不能本末倒置。计划必须基于利益、威胁、资源和盟国,通常以此为顺序;而方案在其后作为检验。凯布尔曾经指出,以单一方案为基础制订计划是非常危险的[1]。即使有多个方案,虽然更有说服力,但也不能替代传统的计划程序,这种程序更全面、更精确。

持续力

作战范围必须有持续力的支持,这个说法同样不言而喻。即便能够将兵力部署到远离本土基地的区域,但是如果一小时后用尽了油料必须返回本土,那也没有多大意义。所以,后勤支援是作战范围的一个重要影响因素。当今时代,中等强国在国外几乎没有可以利用的基地,如果要维持作战范围,要么培养盟友,要么具备独立自主的能力。

持续力的另一个要求是保持部队连续执勤的能力。一个不虚张声势的国家能够迅速准备好一支中等规模舰队的最大战力。但是,为了让舰员和装备获得必要的休整,分阶段进行这种准备工作非常必要。如果没有更多兵力来填补这个缺口,就会前功尽弃。通常,需要有3艘舰船加入战斗序列,才能有1艘舰船保持部署状态。这可能会让人感到悲观,但它表明了问题的严重性。

持续力包括人和物两个方面。人的方面,舰员的训练水平是一个重要因素,同样重要的还有他们对长期远离母港的适应性,包括他们的家人对长时间分离的接受,家庭对士气的

---

① J. Cable, *Britain's Naval Future* (Naval Institude Press, Annapolis, 1983), pp. 93 and 167; and 'Surprise and the Single Scenario', RUSI, *Journal*, March 1983, p.38.

影响很大①，没人喜欢分离，但如果习惯了就能忍受。这一系列因素使英国的编队部署模式比法国基于本土舰队的小规模驻军模式具有明显优势。中等规模的演习，就像英国进行任何远离岸基支援所做的那样，对于保持行动自主非常重要，这种自主在南大西洋战役中更是必不可少②。

在物质方面，持续力意味着军舰和辅助设备自身的质量要过硬。它们不仅要在海上，还要在大洋上能够保持正常运转。抗风能力和水密性只是问题的一部分，舰船和飞机除了航行和飞行外还要能够工作，机械设备的运行故障率要尽可能降到最低。另外，装备要能够在所有可能的海况和气候条件下工作，许多中等强国在这方面并不需要接受极端的思想。印度和澳大利亚的规划者不可能认为他们的舰船和飞机应当全面承受低温的考验。相反，适应热带气候条件通常是一个非常普遍的要求，即使在亚热带地区，温度和湿度也可能对装备产生很严重的影响。最后，部队必须携带或获得充足的油料、食品、零部件和弹药储备，以维持相应时间的部署，还要为舰员提供足够舒适的环境，以保证缓解其疲劳和紧张。

作战范围和盟国

凯莱赫教授在关于欧洲中等强国海军模式的重要著作中，将这些模式分为三大类。

模式一："蓝水海军"，能够进行一些重要的独立海上行动。如英国、法国。

---

① For the importance of family support to submarines on patrol see Jonathan Crane, *Submarine* (BBC 1984), p. 187.

② Rear Admiral Sir John Woodnard, in conversation with the author, July 1982.

模式二：一定程度上超越海岸防御的作战范围，在联合作战的前提下进行规划设计。如荷兰、意大利、德国、西班牙、土耳其、希腊、比利时、葡萄牙。

模式三：基于联合作战框架和盟国支援。如挪威、丹麦、瑞典、冰岛①。

毋庸置疑，这些国家海军作战范围的形成，不仅是基于本国和盟国的需求，还有其他很多因素。这些因素包括海军在30年前是什么状态、过渡时期可以利用的资金是多少、同一时期的需求进行了怎样的调整、来自本土和外国武器公司的压力是什么、个人在部队体制编制方面提出的合理意见有多大影响。但有一种影响体现了盟国的集体意见，即建议进行责任分担，言下之意是说，譬如在高强度冲突和更高层级作战行动中，对敌封锁丹麦海峡是丹麦和德国的首要任务，应当是她们大部分海上计划的基础；另一方面建议要团结合作，比如德国经常参加、丹麦偶尔参加中距离作战范围的行动是有意义的。

关键是，联盟中的超级大国通常认为中等强国的基本职能是负责近距离作战，它们在大洋实施作战行动的能力是不能奢望的。这种观点在苏联体现得更加明显，她将华约组织成员都限制在本土水域。美国也许重视英国和法国参与大洋行动，特别是北约区域外的低强度作战行动和北约区域内的高强度作战行动，但这些作战行动贡献并非是必不可少的②。

---

① Kelleher, Alternative Models for Medium Power Navies', p.242.

② 在 *The Future of British Sea Power*（ed. G. Till）一书第238页，Vice Admiral M. S. Holcomb USN 指出美国致力于"重新获得海洋优势"，力压苏联——但是并未跟其他国家合作。

在地球的另一边，日本在过去十年中一直非常重视作战范围。[1] 日本经济明显依赖于海外贸易，最显著的是从海湾进口石油，当然不仅限于此。她在宪法上对于自卫原则坚持严格的解释，这在政府内部造成了难以调和的紧张局势。反潜防御可以适用于距日本1 000海里"海上交通线"的方案，无论在战略概念上如何脱离法律限制，在战术意义上多么可疑，但至少为部队规划确立了基础，并有助于根据条约划分日本和美国各自的海上职责。

本土还是远方

相对于本书前面探讨过的其他概念，作战范围类似于交叉排线。在各章描述的所有作战行动中，无论什么层级，都是发生在距实施行动国家海岸或远或近的距离。抽象地讲，它们的目标雷同，特点类似，规则也差异不大。但是，如果从更大的范围看，应对入侵本土的敌人和应对远方敌人的兵力特点截然不同。

如果在本土附近作战，会频频用到沿岸基地和港口，后勤和维修问题通常更容易解决，也方便运用岸基空中力量，通信会更容易、更准确。远方兵力则需要更多的专业支援，但是目前，国外基地很少能在中等强国的势力范围内长期维持，勉强临时达成一致的可能性也微乎其微，因此支援不得不主要放在海上。

如果一个中等强国将其核心利益限于专属经济区内，或认为其超级大国盟友足以在更远的大洋保护这些利益，那么她是幸运的。至于其他，如果认识到有一种需求，即使只能部分满足，作战范围的问题也必须得到解决。远距离的敌人通常都是最难预先计划和应对的。

---

[1]　对于本段的背景知识和本书许多有关日本的条目，我要感谢东京和平与安全研究所的 Ivan Cosby 和 Seiichiro Onishi 博士。

七、装　　备

海军武器装备极其复杂,但颇具吸引力。不说它们的技术原理,单详细讨论它们的特点就不只需要一本书。这里重点讲述的是海军装备的特点,因为它们对中等强国计划非常重要。

虽然讨论将主要集中于军事力量,但开始论述之前还是要简单回顾一下利益,因为利益对军事手段的选择有重大影响。平台和武器系统将分章讨论。虽然有些海军规划者认为舰船、潜艇或飞机应当看作单一的、完全集成的武器系统,但军舰和飞机发展的实际和演变表明并非如此;除非很小、很简单,否则水面舰艇和潜艇会携带很多种武器系统,飞机也一直是装备多种系统、执行多种任务的运载工具,现在更有不断增强的趋势。紧急情况下使用的临时挂载系统曾一度失去其重要性,但近来又有所恢复。另外,一个平台在其寿命期内也许会改装搭载一套全新的系统。所以,区分平台和系统显得很重要,本书将采用这种方法。

利益

中等强国的海上利益包括维护领土完整和政治独立、贸易和海上通道、经济开发、海外责任和稳定,这些利益中相当大一部分都是体现在海面上。

海洋贸易和资源开发的技术变革对保护这些利益可能会产生

相当大的影响。例如，一艘 30 万吨的超巨型原油运输船（ULCC）在原油贸易中可以取代大约 8 艘 2 万 8 千吨的运输船，9 艘集装箱船可以取代 60 艘传统运输船①。由于船舶运行的经济性，像超巨型原油运输船和集装箱船这样密集使用的大型船只将会逐渐成为主流，它们的数量和特点意味着需要新的保护方法，同时也对海上兵力提出了新的要求。同样，渔船的不断增多也是影响开发模式和法规的一个重要因素。新型矿产资源勘探和开采平台不断出现，不仅会带来新的执法问题，也要求采取新的方法对破坏活动进行防护。

不要忘记，海洋利益在航海活动之前就出现了。在本土，港口是海洋贸易系统中最基本的因素，也是海洋资源开发的陆上枢纽。本土的造船、飞机、武器和电子工业可以看作海洋力量的要素。无论是否持上述看法，它们都将对装备产生重要的影响。在海外，外交和贸易关系是海上贸易与战略通道的生命。

最后，发展盟国（特别是发展超级大国作为盟国）是维护中等强国利益极其重要的措施，甚至有时可以看作中等强国制定装备政策的目标，甚至于首要目标。这个极端的观点迄今为止尚未被现代人接受。然而，尽管装备储备是中等强国的关键利益，即战略的最终目标，但也必须将盟国纳入考虑范围。

平台

1. 水面舰艇

跟人类一样，水面舰艇必须在水面进行活动，它遵循重力、浮力和稳定性等自然规律，能承载非常大的有效载荷，这是它作为运输工具的主要优点，但也是作为军舰容易被忽视的一个优势。

---

① A.D. Couper, 'The shipping Industry' in G. Till (ed.), *The Future of British Sea Power* (Macmillan, London, 1984), p.58.

这个优势容易被忽视,是因为在舰上的有限空间内要装载的东西太多了。动力和辅助机械、油料、武器、弹药、探测设备、人员住舱和仓库——所有这些都需要空间,要通盘考虑这些因素的相互影响,并时刻牢记舰艇将要执行的任务,进而对舰艇空间进行合理布局,这是舰艇设计时的关键问题。贯穿其中的还有舰艇能够承受的损伤程度。铁甲舰时代,舰艇要做到特别坚固,重量就会很大,因此就要求相应地配置更多的动力和空间①。

然而,水面舰艇能够安装多种武器系统和探测设备,而且舰艇越大,这些装备的种类就会越多。无论是弹道导弹(实际还包括炮弹)还是飞航式导弹,这些飞行武器都是水面舰艇普通的武器系统,虽然可以携带很多,但也绝不是用之不竭的弹药库。舰艇同样可以携带和发射相当大数量的水下武器(鱼雷、深水炸弹和水雷等)。至于探测设备,水面舰艇也能够装备很多种。全球和地区性的通信设备非常普遍,而且随着技术的发展将更加快捷、安全。雷达能够覆盖大面积的天空和面积稍小的海面,对空中和海上目标具有较强的探测能力。搜索装备能够对在该地区工作的雷达发出警报,电子对抗措施可以封锁信息和干扰武器系统。在水下(水面舰艇有一半是在水面以下),声呐(无论是舰壳式还是拖曳式)能够以主动或被动模式工作,与友方潜艇在相对较近距离的通信可以通过水下电话实现。

如果超过一定尺寸,有效载荷可以让水面舰艇具备携带飞机的能力。直升机能够在非常小的飞行甲板降落,但若要长期

---

① R. J. Daniel, 'The British Shipbuilding Industry' in ibid., p. 190; and Admiral Sir Anthony Griffin, 'Weapons and Platforms', ibid., p. 223.

驻舰则需要机库。即使那些短距起降的固定翼飞机，也需要贯通全船的飞行甲板等更大、更复杂的设施。

最后，有效载荷可以容纳大量两栖登陆部队和装备。在登陆点部署兵力可以运用直升机（大批直升机向陆上运送战斗部队时需要使用专门的舰船）、登陆艇或专门建造的适应抢滩的舰船艉门。当然，也可以综合运用上述方法，水面舰艇的代表性参数如表 2.7.1 所示。

表 2.7.1 水面舰艇——代表性参数

种 类	吨 位	动 力	舰 员	武 器	航 程（海里）	成 本（美元）
攻击型航母	35 000～100 000	蒸汽轮机或核动力	>2 000	50～100架飞机、SAM	8 000使用核动力航程则无限	>20 亿
支援型航母	18 000～30 000	蒸汽轮机或燃气涡轮	>1 000	20～40架飞机、SAM	5 000	>4 亿
巡洋舰	10 000～25 000	蒸汽轮机或燃气涡轮	800	SSM、火炮、ADMS、2～4架直升机	6 000	>4 亿
驱逐舰	3 000～8 000	燃气涡轮	300	SSM、火炮、ADMS、1～2架直升机	4 500	>2.5 亿
护卫舰	2 500～6 000	燃气涡轮或柴油机	>150	SSM、火炮、PDMS、1～2架直升机	4 500	>1.5 亿
轻护卫舰	600～2 500	柴油机	>60	SSM、轻型火炮、近程 A/S 武器系统、直升机甲板	3 000[a]	>5 千万
快速攻击艇	150～500	燃气涡轮或高速柴油机	30	SSM 或鱼雷、轻型火炮	500[a]	>2 千万

注：受天气限制
所有数据仅用作例证，并不代表任何海军的任何等级。它们是基于 1985 年服役中的舰船的数据和价格。

水面舰船还有较高续航力的优势。苏联舰船的工作效率不高,但是能轻而易举地维持数月的部署;在"贝拉巡逻"初期,皇家海军"鹰"号连续航行多达 72 天①。对于使用矿物燃料的军舰来说,这自然意味着每隔几天就要"加餐",并且还需要一个辅助船队,其中包括油船,还可能包括补给船。这两项任务可以越来越多地由"一站式"综合补给船来担任②。续航力的优势有助于压缩舰艇规模。苏联"别佳"级护卫舰在海外的部署能够维持数月,它们还只是标准排水量仅有 1 000 吨的舰艇。快速攻击艇的续航力通常较低,它们在远海的补给能力也十分有限。

在水面舰艇的优势中,必须提及的是可见性和公众影响力。当一艘水面舰艇在附近出现时,不管是让人感到宽慰或惊恐、镇静或粗暴,它总是会被注意到。通常,相对于海上军事力量的其他表现形式,水面舰艇更有抚慰的象征,也许这只是它可见性的功能之一,或者另有深层的心理根源。飞机行动太迅速,有潜在的危险性,令人害怕;潜艇太隐蔽,就像险恶的杀手。这也许是用了比较形象的方式来表达一个广受公众注意的现象,但并没有夸大其词。

因而,水面舰艇作为海上军事力量的传播者和展示者,其优势是非常多的。但也存在一些劣势,中等强国对此要有清醒的认识。

首先,正如穆瓦内维尔所说,水面舰艇骑在"水线的马背上"③。

---

① J. Cable, *Gunboat Diplomacy* (Macmillan, London, 1981), p.125.

② Director of Public Relations (Navy) *Broadsheets* (HMSO), 1983, p.22 and 1984, p.14.

③ H. Moineville, *Naval Warfare Today and Tomorrow* (Blackwell, Oxford, 1983), p.63.

这匹马可能会突然跃起，无论安装了多少稳定装置，一艘中型水面舰艇可能经常遭遇使它的战斗力和航行能力大大降低的天气和海况，这种影响对于水下部分特别明显，舰壳声呐在恶劣海况下几乎没用①。天气和舰船航行也会对雷达、水线以上武器的性能、直升机活动和舰员效率产生严重影响②。在设计水面舰艇时，当然要不断追求适航力和抗风能力③，但水面舰艇受限于海洋环境影响这一事实是无法否认的。

其次，虽然水面舰艇几乎能够携带任何一种探测设备，但它所携带的探测设备很少能以最佳状态工作。在水线以上，最佳探测设备是光学和电磁系统，由于绝大多数情况下它们的光线或射线路径是直线，因此，即使天气和散射等因素没有产生距离更近的限制，但光学、雷达和光电系统（如激光）的作用距离在海上也会受地平线的限制。传统的解决方法是升高探测设备，设立瞭望员，但由于对舰船桅杆稳定性和结构方面的考虑，在高度上受限，所以水面舰艇永远不能将其水面以上的探测设备升高到所期望的高度。

在水线以下，舰载探测设备受限于一系列不同情况。水下的主要探测介质是声音，雷达信号不能穿透海水，而光线也无法传播太远。海水的温度、压力和盐度结构非常复杂，会使声音的

---

①　J. R. Hill, *Anti-Submarine Warfare* (Ian Allan, Shepperton, 1985), p.41.

②　D. K. Brown RCNC 曾为笔者提供基于海军医学研究所和美国海军的信息。他提出，海洋状况 6 级，蒲福风力 7 级时，就会发生严重影响。有些军官对此持有异议，认为这种等级不会发生严重影响。但是，毫无疑问存在一个临界点。

③　关于"短宽型"护卫舰的例子可参见 D. Giles, 'Want of Frigates', *Naval Forces*, No.2 (1984), p.58.

传播路线产生偏差。最为典型的是,这些会造成通常所说的跃层,在平行于海面几百英尺的深度,声音很难穿过。① 在这种情况下,水线附近的探测设备对跃层以下目标的探测能力会大大降低。水面舰艇可以通过在最佳深度拖曳探测设备来避免这个问题,但由此造成的操纵限制也削弱了它们的机动性,进而降低了其执行其他任务的效率。

第三,多数水面舰艇仍然依靠液体燃料,并需要比较频繁的补给,一般是每隔四五天。它们还会承载相当数量的舰员,来保持机械设备、探测设备和武器系统以稳定的效率和战备状态工作,所以它们的存储需求也相当大。在战斗状态下,它们可能需要频繁补给弹药。② 因此,无论是在岸上还是海上,后勤支援对于水面舰艇作战行动都是一个必要条件,而在进行海上补给时,水面舰艇不仅不能执行任何作战任务,还会比平时更容易受到攻击。

第四,水面舰艇的可见性是一种外交优势,也是一种战斗劣势。过去,当人眼是唯一的探测设备时,它的最大垂直高度是桅顶,或者岸边高的峭壁,这个问题在当时并不严重。而现在,由于多种探测设备能够被置于高处,不仅可以装备在飞机上,还可以(至少超级大国有能力)升至太空,这个劣势就比较明显了。一直到 20 世纪,战略突袭都是许多海军的梦想,而现在实际上已经不可能。战术突袭也许仍然可能达成,但对于拥有尖端技术的对手来说,特别是能够利用部署在太空的监视系统的对手,

---

① R. J. Urick, *Sound Propagation in the Sea* (DARPA, Washington, 1979), Chapters 3 and 5; Kosta Tsipis in *The Future of the Sea-based Deterrent* (MIT Press, Cambridge, Mass., 1973), p.174.

② 在福克兰群岛战役中,英国特遣部队的战舰仅仅在海军炮火支援中(海岸轰击)就发射了 8 000 发炮弹。

除了运气还需要高超的智慧。另外，水面舰艇容易被电子以及光学探测设备发现，进而容易成为靶子。

易受攻击是现代条件下水面舰艇的第五个劣势，也是最明显的劣势。福克兰群岛战争之后，人们再次对这个问题的严重性展开争论，但是没什么新意①。第一次世界大战前拥护潜艇的人以及第一次世界大战后拥护飞机的人，都匆匆宣告水面舰艇的灭亡。核动力潜艇和飞航式导弹都是水面舰艇的致命威胁，它们的出现使水面舰艇更加陷入困境，这一困境在两次世界大战中多次得到证明，最引人注目的也许是 1914 年仅 1 艘潜艇就击沉了"阿布基尔"号、"霍格"号和"克雷西"号 3 艘巡洋舰，以及 1941 年皇家海军在克里特岛近海因受到空中打击而遭重创。

这些事件不仅引人注目，而且意义重大，因为它们涉及了水面舰艇的不平衡和缺乏支援的问题，也凸显了易受打击这一缺陷的传统对策：集中一支拥有强大防护能力的兵力，使攻击变得特别困难和昂贵。运用装备高精密探测设备的大型航母和巡洋舰，并充分利用空中和水下优势，这是美国的解决办法。相应缩小规模，应对技术相对并不尖端的对抗，是英国在福克兰群岛战争中更愿选择的方法。但由于缺少一两种重要条件，也没有命令指示要抛弃总体方案（例如，5 月 21 日皇家海军"热心"号护卫舰已处于孤立阵位），水面舰艇对于空中攻击的脆弱性被暴露了②。4 艘驱逐舰或护卫舰被击沉，这个数字是当时英国在役

---

① 有一种特别悲观的看法，参见 *Strategic Survey*，*1982 - 83*（IISS，London），pp. 128 - 33；也有一种比较乐观的看法，参见 G. Till，*Maritime Strategy and the Nuclear Age*（Macmillan，London，1984），p. 258.

② J. Ethell and A. Price，*Air War South. Atlantic*（Sidgwick and Jackson，London，1983），p. 103.

军舰的六分之一。

关于水面舰艇的优势和劣势，中等强国可以通过前面分析得出如下结论。

水面舰艇清楚可见，用途广泛，便于指挥控制，让人感觉没有潜在危险，在海洋利用行动中最为常见。因此，在需要谨慎处理政治军事敏感问题的行动中，它显然很有价值。它完全适合正常状态下的许多使命任务，如展示战斗力、显示存在、公开监视和执法职责等。同样，它也非常适合执行大多数低强度作战行动，这时多功能性和对政策（包括交战规则）变化的快速反应都是它独特的优点。宣示权利和决心、两栖任务、海上反恐、海洋拒止行动以及保护近海设施对于水面舰艇来说都是拿手好戏。

在高强度作战行动中，水面舰艇的劣势才凸显出来。它的行动范围看起来受到了限制；可见性不再是优点，而是不利条件；面对杀伤力更大的武器系统，脆弱性也变得更加明显，除非他们的政府和上层指挥官保持警惕和谨慎，否则战斗一开始，没有准备的水面舰艇就会遭到敌方袭击。在本章和前面章节中提出的措施，如掩护、与水下和空中优势相结合等，应当立即在高强度作战行动中付诸实施，但中等强国自身的资源肯定是有限的。

计划者面临的困境是在大量的高强度作战行动中，水面舰艇无论多么脆弱和受限，仍然是必不可少的，这也是中等强国所有困境中最为关键的一个。对于执行两栖作战、涉及运输船只通行的作战以及岸上火力支援的任务，水面舰艇不可或缺。因此，即使预见到在战斗之初会损失惨重，水面舰艇也必须作为整体的一部分参加所有层次的作战行动。

2. 飞机

飞行器的显著特点是能摆脱地心引力。为此,它要么需要在内部空间充满比空气轻的气体,要么依靠机翼通过在空气中运动获得升力飞行。前者已经过时,后者则需要动力和油料,海军飞机的代表性参数如表 2.7.2 所示。

表 2.7.2　海军飞机—代表性参数

种　类	重量(吨)	速度(节)	续航力	武　器	探测设备	基　地	价　格(美元)
远程海上巡逻机	80	500	10 小时	鱼雷、深水炸弹	雷达、声呐浮标	岸基	>5 千万
航母舰载巡逻机	20	500	4 小时	鱼雷、深水炸弹	雷达、声呐浮标	攻击型航母	>4 千万
攻击机/强击机	25	超音速	3 小时	炸弹、火箭弹、ASM	雷达	攻击型航母或岸基	>3 千万
战斗机	20	超音速	2 小时	AAM、机枪	雷达	攻击型航母或岸基	>3 千万
STOVL固定翼飞机	10	高亚音速	1.5 小时	炸弹、火箭弹、AAM、机枪	雷达	支援型航母	>2 千万
空中早期预警固定翼飞机	25+	400	12 小时(航母舰载机4 小时)	—	AEW雷达	岸基或攻击型航母	>6 千万
空中早期预警直升机	10	130	4 小时	—	AEW雷达	支援型航母	>2.5 千万
重型反潜警戒直升机	10	130	4 小时	鱼雷、深水炸弹	雷达、声呐、声呐浮标	航母、巡洋舰、部分护卫舰	>2.5 千万
中型直升机	5	150	2 小时	鱼雷、轻型ASM	雷达、轻型声呐	驱逐舰、护卫舰	>1.5 千万
运输直升机	10	130	4 小时	—	雷达	支援型航母	>2 千万

注：所有数字仅用于例证,基于 1985 年在役飞机数据。

缩略语. ASM　空地导弹　　　　　　　AEW　空中早期预警
STOVL　短距起飞垂直降落　　　　ASW　反潜战
AAM　空空导弹

因此,飞机的有效载荷相对较低,其中很大一部分载荷用于存放油料。航程和载荷的平衡关系是计划空中作战时的永恒要素，并且特定任务所决定的各种飞行姿态（如高空或低空、攻击模式或加速）使其进一步复杂化。飞机升空或返航时，特别容易遭到攻击，它还需要一定条件的气流、天气或亮度以保证安全起降。正是因为上述条件没有解决，1982 年 5 月 2 日"五月二十五日"号航母上的"天鹰"式战斗机才没有对英国的特混舰队实施攻击[①]。

飞机具有战争工具的常见局限性，但它也有很多优点。首先，它有出色的机动性，能在很短时间内抵达很远的地方，速度也会成为突袭的优势。即使在第二次世界大战时期飞机速度相对较慢，也能经常对无提防的舰船实施攻击，现代飞机以亚音速或超音速作战，给防守一方的监视工作造成了更为严重的困难。

第二，飞机能够在高处携带探测设备，这对于监视和预警是个巨大的优势。由于探测设备升高，视野得以成倍扩展，这样使得最大的探测距离通常取决于探测设备的功率或灵敏度，而不再是地平线本身。而且，将探测设备升高还有另外一项重要用途，可以给飞机本身携带的武器或其他平台上的武器指示（通常并不用于分辨）目标，特别是地面或水上目标。通过这种方法，导弹的潜能便可以发挥到极致。

第三，虽然飞机的载荷有限，但它们通常能够携带杀伤力很强的武器。炸弹、导弹和非制导火箭都能重创中型舰艇，反潜飞机能够携带深水炸弹和鱼雷。与战术机动性和升高的探测设备

---

① J. Ethell and A. Price, *Air War South. Atlantic* (Sidgwick and Jackson, London, 1983), p.75.

相结合，现代飞机所能携带的武器弹药使它们成为可怕的战争机器。

除了航程与载荷的平衡关系，飞机还有其他一些限制。首先，飞机是复杂的装备，上面没有维修设施。所以，它们在岸上或海上需要功能广泛的基地，只有这些基地提供高效服务，飞机才能获得高度的作战适用性。比如，在福克兰群岛战争中"鹞"式飞机作战适用性达到总体的 95%①。但是建造和维护这些设施非常昂贵。无论在陆上还是在海上，这些设施都容易受到攻击，在很大程度上，飞机的脆弱性就是基地的脆弱性。

但还不仅如此，飞机的另一个劣势是它们在空中容易遭到攻击，特别是那些为了实施侦察而必须盘旋或巡逻的飞机。装备自卫武器，即使可行，也会减少用于其他任务的载荷。

第四，飞机的续航力有限，意味着为了遂行任务，就需要大量的飞机。例如，要保持 1 架"猎迷"飞机在空中执行任务，大约需要 6 架可用的飞机。保持 1 架飞机在空，需要受过训练的机组成员人数较少，大约 4 个。但是，训练机组人员的开支非常大。

第五，飞机和舰艇一样，也需要通信设备，并且还需要受过高度训练、装备精良的空中交通管制机构，以保证它们安全离开和返回基地. 在许多任务中，还需要地面上或其他飞机上的战术控制人员和装备。无论飞机是陆基还是舰载，这一点都适用。

最后，尺寸和载荷相对较小的飞机通常会用作执行航程有限的任务。"猎迷"远程海上巡逻机不适合空对空格斗；"鹞"式飞机不能升空执行空中早期预警任务。即使是多功能飞机也必

---

① Cmnd. 8758, para 222.

须针对它们的任务来携带武器,中型直升机能够携带鱼雷或空舰导弹,但不能同时携带两种武器①。

飞机是大多数海上作战行动的重要组成部分。正如前面指出的,监视和情报搜集是正常状态、低强度作战行动以及高强度作战行动时的一般活动,这时飞机无疑是最好的手段。此外,作为增强威慑,阻止从正常状态或低强度层次升级的保护措施,飞机显得非常重要,而在高强度的海洋利用作战行动(特别是两栖作战)和海洋拒止作战行动中,它们也都必不可少。

但在此必须提醒一点,任何层级的冲突中都不能过早使用作战飞机,特别是高速固定翼飞机。它们的高速和突然性的确(肯定会)使其很难在低强度作战行动中进行目标识别。换句话说,没有任何一架受过正常训练的作战飞机会盘旋飞行以对目标进行明确识别,因为它这样做很容易被击落。然而,在此类作战行动中,很难严格拟定交战规则以满足政治要求。全世界民众对此非常清楚,这也是为什么"轰炸"一词容易触动感情的原因之一。

因此,在冲突级别和特定种类的飞机特点之间存在一定的联系。固定翼巡逻机在所有层级行动中都可以使用;直升机也有监视、救援和后勤等任务模式,在低强度作战行动中它们可能执行独立的任务,而在高强度作战行动中可执行根据设计所承担的大部分作战任务,高速作战飞机适合用来执行掩护防卫和高强度作战行动。

在飞机和作战范围之间也存在某种联系。在此有必要重复

---

① *Jane's All the World's Aircraft 1984—1985* (Jane's, London, 1984), p.296.

一下射程和作战范围的区别：射程是系统从起始点能够发挥军事效果的距离；作战范围是以本土基地为起点能够实施作战行动的距离。飞机的航程可以通过空中加油进行延伸，但这需要大量加油机以及相应的基地。它们的作战范围可以通过国外陆上基地(如果有的话)或将其部署到舰上(这需要专门设施以对其进行操作和维护，并限制了飞机的尺寸和性能)来进行扩展。假如作战范围一定，这些因素和措施之间的平衡关系对于所有中等强国都是关键的决定。非常有趣的是，英国在1982年福克兰群岛战争中运用了所有三种方法：空中加油、前沿基地和舰载飞机，但考虑到战争所涉及的距离，这也并不奇怪。虽然对于现在的驻守兵力来说情况仍然如此，但是平衡已经改变；在冲突中几乎所有作战飞机都是舰载机，而现在它们部署在陆上的前沿基地。

3. 潜艇

如果说飞机是摆脱重力，那么潜艇则是摆脱浮力。更确切地说，潜艇控制浮力，为的是下潜并保持在需要的深度。为了达到这一"非正常"的性能而进行必要的强度、稳定性和浮力控制，潜艇设计必须克服许多技术难题[1]。总体来说，尽管在过去40年中曾经发生过一些设计和操作上的灾难，但这些问题已经得到圆满解决，虽然并非所有国家都能自行建造潜艇，但是现在已经有30多个国家拥有潜艇[2]。

在本书探讨的所有平台中，潜艇自第二次世界大战以来经历了最重大的跨越式发展。以前潜艇在水面用柴油机推进，下

---

[1] Norman Friedman, *Submarine Design and Development* (Conway Maritime Press, London, 1984), Chapter 2.

[2] Hill, *Anti-Submarine Warfare*, pp.34-36.

潜时用电池电力推进,电池充电需要开动柴油机,虽然可以在潜望镜深度通过通气管进气来进行,但那样也会暴露目标,被空中侦察发现。潜艇依靠电池的续航力最多也就是几天时间。核动力的运用改变了所有这些限制因素。封闭循环系统不依赖空气,除了动力、武器和探测系统,还为生命维持设施(空气净化等)提供了所需的能量。这样,核动力潜艇每次可以在水下持续活动数周①。然而,核动力并非轻而易举就能实现,至少需要国产大型原子能研究和开发基地以及本土的核工业。除超级大国外,只有英国、法国和中国在使用核动力潜艇。虽然上面提到的常规柴电潜艇已经得到重大改进,但它们仍然与第二次世界大战时的潜艇具有一样的基本特点,局限性仍存在。

潜艇作为作战平台的主要优点是隐蔽。声音是水下探测的主要手段,而且正如前文所说,温度、压力、盐度变化、外来噪音、水面影响和浅水等都会让声音产生异常变化。潜艇充分利用上述变化,便可以大幅增加它特有的藏匿于浩瀚大洋的机会。这些年来,设计者想方设法使潜艇最大限度地保持安静。虽然常规潜艇仍然需要定期开动柴油机,但可以通过设计来尽量提高通气管和电池充电的效率,把所需时间减到最少。

潜艇的第二个优点是续航力。柴油机作为发动机非常经济,可以携带航行数周所需的油料。即使在第二次世界大战期间,进行60天巡航也不是罕见的事情。核动力潜艇更为出色,但可能是由于舰员士气的影响,巡航时间一般最多保持在两个月左右②。需要强调的是,这种续航力不需要依赖任何外来资

---

① Firedman,*Submarine Design and Development*,pp.134 - 140.

② P. Lacoste,*Stratégie Navale*(Nathan,Paris,1981),p.46.

源补给。食宿设施可能只满足最基本需要，食物不能保鲜，例行性工作令人厌倦，但潜艇人员已经通过训练适应了这种环境，并为自己的独立自主感到骄傲。

潜艇第三个主要优点是攻击力。在一定程度上，这是隐蔽功能起了作用——各种优点几乎都是相互作用的；但主要原因是作为一种水下工具，它能攻击舰艇脆弱的水下部分以及其他潜艇。而且，它可以轻松携带重量很大的武器。重型鱼雷确实非常重，因为它携带了大量炸药①。

最后，潜艇还有一个优点是搜集水下情报信息的能力。这取决于它利用海洋环境的熟练程度以及探测设备特有的效能，不过这一特性并不意味着它可以进行精确分析。潜艇能够调整深度和方位，这是其他任何系统都做不到的，所以它在这方面具有先天优势。

潜艇作为一种战争机器，所有上述优点让很多人将它看作"未来的主要舰艇"，并宣称"海军应当走向水下"。并非因为不相信这句口号，笔者才对此类极端言论嗤之以鼻，而是因为潜艇也有明显的缺点。

第一，潜艇下潜后与其进行通信并不容易。只有甚低频无线电波才能穿透水面以下，但最多也不过两三百英尺左右。此外，这种数据传输方式的速率并不高。潜艇在信息发出方面也不令人满意，当然这主要由于另一个原因，发报会在两个方面暴露自己：需要上浮到不是最适合隐藏的深度，进行过多的电磁发射会被发现和定位。

第二，在不能完全了解的海水媒介中，即使在探测设备作用

---

① Hill, *Anti-Submarine Warfare*, p.91. Table 11.

范围内的海水深度,潜艇对其周围态势评估的能力也取决于传感器的敏感度和操作人员的技能。在复杂环境下进行必要的定位和跟踪,是一个需要耐心、精确、技能和大量时间的过程。① 也有捷径可走,这就需要运用速度和潜望镜,这时总会冒着被发现的风险。

第三,潜艇所携带的武器不具备识别能力。它不管发射导弹还是鱼雷,都不能以可识别的方式警告对方。潜艇进行的任何发射肯定都被认为是以杀伤为目的的。同样,潜艇实施的自卫也只能是逃避、隐藏或致命反击,采取对等的方式进行对抗并非它的强项。

所有这些都强调了潜艇的自身特点:作为一个孤独的猎杀者,在没有友方和中立方的区域行动,自由地对水面舰艇和对方潜艇发动进攻,才能发挥出它的最大作用。换句话说,潜艇非常适合更高强度的作战行动,特别是海洋拒止行动,但交战规则严格或需要与水面或空中兵力进行较多配合时,潜艇会受到束缚和限制。正常状态下,潜艇是进行秘密监视的有效工具,在低强度作战行动中,它是重要的支援掩护兵力,一个可以挥舞的大棒;只有当转入更高强度作战行动时,它才能发挥出潜力。此时,它成了可怕的杀手。

传感器和武器系统

1. 防空

在战斗中,舰艇(以及港口设施)不仅需要防御飞机,还需要防御从各种平台发射的飞航式导弹。它们还可能受到弹道导弹

---

① Jonathan Crane, *Submarine* (BBC, 1984), pp.31-2,描述了演习状态下一艘核动力舰队潜艇无法确定水面力量的位置。

的威胁，弹道导弹一旦发射便无法阻止，所以弹道导弹是海上防空面临的特别严重的威胁。然而，弹道导弹不能对移动目标实施精确打击，使其战术运用受到了极大的限制。

第一道对空防线通常是针对威胁源头的，换句话说，摧毁或瘫痪敌导弹搭载平台。这就要求拥有较大射程的武器系统，通常装备在飞机上。例如，要击落装备有 250 英里射程的“AS‑4”导弹的苏联“逆火”式飞机，受到威胁的兵力至少能在这个距离上采取行动，这就要求探测设备和可能升空的战斗机部署在威胁方向，抓住时机实施拦截①。攻击装备导弹的潜艇则更加麻烦，当然潜艇也有自己的困难，它必须接近目标以获得发射信息②。

因此，针对威胁源头的对空防御可能只是一个部分解决的办法，还需要配备对飞机和导弹进行直接防御的兵力，以保证较高的成功率。

首先，必须对来袭威胁进行预警。大气相对于海洋没有那么复杂多变，预警用电子探测设备的作用距离多达几百英里。它们包括两类：一是主动式，主要指雷达，部署于岸上或安装在舰艇和空中预警飞机上；二是被动式，指电子拦截设备，能够探测和发现敌方雷达的发射方向。这类发射本身就可能暴露敌方意图③。将探测设备置于高处的优势已经谈过了，特别是针对低空飞行的飞机和导弹，这会特别有利。但是对于装备在舰上

① Data from *The Military Balance*, *1984—1985* (IISS, London), p.135.

② Hill, *Anti-Submarine Warfare*, p.29.

③ D. P. O'Connell, *The Influence of Law on Sea Power* (Manchester University Press, Machester, 1975), p.82.

的探测设备而言,其重量和功率应更小,携带探测设备的飞机和舰艇及战斗机之间的通信联系也是必要的。

通常来说,海上战斗机并不负责击落导弹,虽然应对巡航导弹的"下视/下射"技术早晚会在海上得到应用。不过,海上战斗机也是应对敌方预警机和低飞进攻飞机的一道重要防线,但舰艇防空基本上还是依靠自身。

只有预警是不够的,它们还需要对来袭威胁进行精确定位。通常来讲,首先是依靠目标指示探测设备(通常是雷达),其次是跟踪探测设备,跟踪探测设备一旦捕获目标,需要跟踪足够长的时间,以成功实施拦截。

关于精确定位的具体方法,只有技术性文献才会涉及,不适合在本书探讨①。但可以在此讲述几个要点。首先,自我防御在技术上要比协助邻舰防御容易得多。横移目标很难击中,如果邻舰很近,协调起来会很困难②。第二,来袭导弹(或飞机)离得越近越容易被击中,但问题是即使将它击中,它的碎片也可能足以击中你。第三,过低或过高的导弹通常非常难以探测,前者是由于海洋和大气的回波,后者是由于大多数雷达包络的特性。第四,从首次发现到命中的时间可能会非常短,也就是几秒钟。第五,舰艇运动必须由探测设备及其配件中的稳定装置进行补偿。最后,发射系统应当能够应付多重攻击。

----

① *Jane's Weapon Systems 1984—1985* (Jane's, London, 1984), pp. 131 - 157; *Combat Fleets of the World*, 1984/85, passim.

② Ethell and Price 在 *Air War South Atlantic* 第 145 页提到,英国皇家海军舰艇"大刀"号装载海狼导弹,"看护"英国皇家海军舰艇"考文垂"号。"大刀"号通过"考文垂"号的操作防御性地发射导弹,结果导弹控制雷达脱离锁定遭到失败。

因此,近程对空防御需要依赖大量自动化程度非常高的武器系统,其目的就在于能够尽早在来袭导弹的杀伤范围之外将其摧毁。美国的"标准"和"海麻雀"导弹、英国的"海标枪"和"海狼"、法国的"马舒卡"和"响尾蛇"、苏联的"SA‐N"系列,都是这类导弹。当然也不能忽视火炮系统,荷兰—美国的"守门员"就是典型的近程对空防御火炮系统①。许多这类系统对于中等强国来说都有现货供应,行业杂志里的销售广告比比皆是。

还有被动对空防御系统。电子对抗装置的目的是中断或干扰来袭导弹的目标获取、控制或自动引导系统。它们的价值在于加重战争迷雾,造成混乱,最终造成消耗。然而,它们需要熟悉对手的系统才能充分发挥作用,盲目操作甚至会产生负面效应。毫无疑问,一些导弹的自动导引头能够方便地沿着干扰发射机发出的波束进行攻击。

诱饵是另外一种方法。它们是在远离真实目标的地方形成大型雷达反射物或红外发射器,将射向目标的非智能导弹朝自身诱导。这些用来撒布金属箔的火箭和炮弹同样也常在广告页面上看到。如果有充分的预警并在合适时机释放,这些金属箔无疑是有效的消耗性装备。福克兰群岛战争和赎罪日战争都曾几次出现类似场面,它们发挥了重要作用,将被击中的次数控制在能够应付的范围之内。

也许正好可以借这一点结束本部分内容。即使对于美国,"无懈可击"的对空防御也是几乎不可信的。对于中等强国,那就更不可靠了。如果水面舰艇受到猛烈的空中打击,无论是来自飞机、防区外导弹或是两者的联合打击,肯定会有人员伤亡。

---

① *The Military Balance 1984—1985*, pp. 7‐8, 20,33,38.

计划者和执行者必须设法将伤亡人数保持在可控范围内。

2. 反潜①

反潜作战受作战环境的影响很大。环境复杂程度及其主要影响已经提到过了，概括地讲，声音作为首要的探测手段，容易出现异常和失真，这使位置和机动（特别是在深海）成为战术的根本要素。

反潜用的探测设备绝大多数依靠声波。然而，这里需要提及一点，即潜艇由于战术或设计限制，有时会被迫将其一部分暴露于水面之上，从而导致机载雷达有可能发现它们。这与中等强国密切相关，因为经常这样暴露的潜艇都是常规潜艇，而使用潜艇的国家中只有 5 个拥有核动力潜艇。另外，即使仅仅被机载雷达发现，所带来的威胁也会让最勇敢的潜艇艇员惶惶不安。也许大家还记得 1943 年春天"解放者"飞机对德国潜艇造成的重创，后来的多次演习更是强化了这种记忆。

再将注意力转回到声波这一主要探测手段。声呐分为两类，主动声呐和被动声呐。主动声呐发射短的声脉冲，碰到潜艇就会反射回来，并在接收机上显示出距离（通过测量发出和接收脉冲的时间差可得出）和方位。被动声呐通过水听器阵列收听海中潜艇发出的声音，但任何时候都只能指示声音的方向，不能指示距离。部分声呐同时有主动和被动模式。虽然主动和被动模式可以在同一平台上实现，但现代装备大多是单一模式。主动声呐需要的功率相当大，因为声音能量在来回传播过程中会有衰减，被动声呐并不发出能量，但需要沉重的大型阵列和处理设备。

---

① 关于反潜这一课题更为深入系统的研究可参见 Hill, *Anti-Submarine Warfare*, Chapter 3 and 4.

　　反潜过程作为攻击潜艇的先导，可以分为发现、分类、定位和跟踪等几个步骤。所有这些可以由一个平台装备的一个声呐单独实施，但实践表明，即使对付一艘潜艇，也可能会用到多个系统和平台。固定的海底阵列（被动声呐）可能最先发现目标，并将大概的区域信息传送给巡逻机，巡逻机投放声呐浮标后进行分类和定位，然后将信息传给直升机，并在攻击前通过主动声呐进一步定位和跟踪，当然这只是一种可能的行动次序。还有很多其他的次序，包括潜艇通常使用被动声呐、水面舰艇使用拖曳被动声呐阵列或舰壳主动声呐。如果是在作战状态下搜寻潜艇，要比例子中的情况困难和紧迫得多。

　　并不能简单地认为，反潜作战提供了多种多样用于反潜战的探测设备和平台。而应说，为成功应对分布广泛和类型不同的潜艇威胁，反潜作战需要这样一种力量组合。即使在严格界定的单一方案"跨越大西洋增援行动"中——这是在北约背景下为皇家海军设想的一种情况，对于是否可以依赖由潜艇和远程飞机在德国—冰岛—英国之间的防线缺口建立屏障，人们展开了激烈的（也是有道理的）争论。但是，这种纵深防御是需要的。考虑到主动应对威胁和有意识地利用敌方弱点，对全面防御的需求就更加强烈了。

　　面对这些重要的需求，一个中等强国能做什么呢？它也许应当提醒自己，只有超级大国控制着数量庞大、技术尖端且主要是核动力的潜艇兵力，如果不向超级大国寻求支援或屈服，不要指望与其中一个进行长期作战。应对其他中等或小型强国相对有限的潜艇兵力，只要指挥官对利益区域有明确的界定，并且避免徒劳地四处追击，问题相对容易解决。

　　与反潜探测装备和平台的快速发展相比，反潜武器相对单一，主要包括两类：鱼雷和炸弹。

现在几乎所有的反潜鱼雷都有音响末端制导。它主要依赖目标潜艇发出的噪音或利用鱼雷本身发射声波的回波，以及上述两者的结合。在任何一种情况下，它的有效射程只有几百码。所以，鱼雷必须在目标潜艇进入这个距离范围内才能发射成功。

上述做法适用于攻击方潜艇发射线导重型鱼雷。事实上这种制导可以一直作用到击中的那一刻，但是大家似乎普遍认为，为了最终打击的精确，更好的模式是使用自动引导头进行攻击。轻型机载鱼雷必须由飞机在发现目标的范围内进行伞投（低空低速飞机比高空高速飞机更适合这项任务），或由无人机将它们送到目标区域。此类鱼雷有英国的"伊卡拉"、法国的"玛拉丰"，美国的"阿斯洛克"和苏联的"SS－N－14"。舰船越来越多地携带这些鱼雷，用作反潜武器进行应急反击。

现代鱼雷要击中目标就需要更加智能化。有人对鱼雷的可靠性一直存有疑虑，笔者在这方面不想多费笔墨。只想说一点，过去关于鱼雷具有较高的单发杀伤能力的说法常常被证明是假的。

炸弹比较原始。它们大多数可以从空中或海上进行投放或发射，潜艇也可以（通过从鱼雷管发射）做到。使用炸弹对潜艇目标所在区域进行轰炸，被认为是缺乏精确性的作战方式，如果不成功肯定会在一定时间内妨碍后续跟踪。但是，这种方式在过去曾经击沉多艘潜艇，包括第二次世界大战后在下潜状态下击沉的一艘潜艇（巴基斯坦"勇士"号），而自导鱼雷迄今为止还没有在作战中击沉过一艘潜艇。

有必要强调一点：反潜作战是在非常复杂的环境中执行冒险的任务。要想具备全面的反潜能力，就需要大量资源。正如凯布尔所说,在这一领域比在任何其他领域都值得去"选择冒险"①。中等强国不可能总是这样做,但他们可以评估独自进行反潜作战可能的规模、强度和范围,并相应调整自己的兵力。

3. 反舰

"我不愿意将任何东西放在海面上",爱德华·泰勒②说,"那简直就是个活靶子"③。虽然这些话是在核背景下由一名超级大国的支持者写的,但也集中表达了许多人的观点。

然而,水面舰艇并不一定就是坐以待毙的目标。毫无疑问,它们越来越难以隐蔽,事实上对于苏联和美国布控的海洋监视卫星而言,水面舰艇在这些卫星覆盖区域内是不可能隐藏的。但就像前面说过的,中等强国没必要专注于超级大国的威胁,也没有必要在超级大国的利益范围内实施军事行动,更没有必要在卫星能够发挥最佳效果的大洋上发生冲突。中等强国可能会遇到超级大国故意避开的情况,在一定程度上不干涉是超级大国采取的合理态度,拒绝传送卫星信息是这种合理态度的一部分。

水面舰艇当然也会被飞机、潜艇及舰船发现和跟踪,并会被识别定位。但是,这种信息的覆盖面和精确度在很大程度上取决于对手资源及资源的运用效率。1982 年 5 月 21 日,英国登陆部队借助较低的能见度登陆圣·卡洛斯(San Carlos),实施

---

① J. Cable, *Britain's Naval Future* (Naval Institute Press, Annapolis, 1983), p. 105.

② 爱德华·泰勒(Edward Teller, 1908—2003),是一位出生于匈牙利的美国理论物理学家,被誉为"氢弹之父"。——译者注

③ Edward Teller, 'The Nature of Nuclear Warfare', in *US Air Force Magazine*, January 1957.

了战术突袭。登陆成功的原因之一是阿根廷侦察飞机老旧和部件匮乏①。

尽管提出了种种警告,但水面舰艇仍然是理想的靶子。它的雷达反射面非常大,而且所处区域往往没有多少杂波干扰。它在很远处用肉眼就可以看到,还会发出大量噪音被潜艇侦听到,它还是个强大的红外发射体,这些特征都无法消除,虽然可以采取措施把它们降至最低,但却耗资巨大。

探测水面舰艇的手段多种多样,攻击它的手段也是如此,但基本可分为三类:弹道导弹、飞航式导弹和水中武器。

广义上讲,从岸基远程武器系统一直到炮弹,都可算作弹道投射武器。在一些苏联作家的著作中,战略火箭兵可能会用来攻击集结的水面舰艇,这在很大程度上是超级大国间进行全面战争的利器。通常来讲,中等强国不希望或不需要自己使用这类武器。射程较近的武器系统给战舰设计者带来一个常见的问题,这个问题已经存在了至少一个世纪:即在射程上超过对手。因为在炮弹无制导飞行过程中,目标是移动的,能否命中目标通常取决于对目标距离、方位、航向和速度的估算。不过,因为弹道轨迹无法被拦截,因此非常有吸引力,几乎没有中型舰艇水面设计方案会完全放弃。② 从理论上讲,可以设计一种复合型导弹,在其轨迹初段有动力和制导,而最后是弹道状态,这样会具有超视距射程和末端弹道攻击两个优点,但这需要智能化的导弹及其良好的目标获取能力。

---

① Ethell and Price, *Air War South Atlantic*, p.94.

② 英国 22 型护卫舰没有中程火炮,但是第三批(11 号和 12 号)却没有 4.5 英寸舰炮。所有欧洲的设计都带有中口径舰炮,比如荷兰的"科顿艾尔"号护卫舰、德国的 MEKO 型护卫舰和意大利的两级护卫舰。

巡航导弹要想靠末端制导击中目标,有时依靠目标的红外或其他特征,其末端制导通常来自导弹自身的主动雷达引导。苏联设计的"冥河"曾在 1967 年击沉以色列的"埃拉特"号驱逐舰,成为第一代巡航导弹的典型代表。"飞鱼"作为第二代此类导弹在福克兰群岛战争中开始崭露头角。各代之间的差别在于后续型号掠海飞行速度更快、尺寸更小和雷达反射面更小。进一步的改进会朝着更大射程、更灵活和预置规避机动以及抗干扰的方向发展。许多第二代导弹的尺寸有所减小,不仅可以从舰上发射,也可以从飞机上发射,甚至能够从潜艇的鱼雷管发射至水面,然后点火并按预先设置的路线飞行。美国的"鱼叉"和"战斧"导弹(后者射程可达数百英里)在设计时就适合从空中、海面和潜艇发射。

反舰导弹效能高,比较容易装备,价格也可承受,所以现在全世界 70 多个国家的海军已经列装①。很多海军只有快速攻击艇装备这些导弹,因此作战范围仅限于当地水域,而且可能缺乏训练和备用弹药。

最近 100 多年来,水中武器对于钢铁外壳的舰船一直构成严重威胁,一旦被击穿水下部分就可能沉没。"该死的鱼雷(Damn the Torpedo!)②"法拉格特③(David Glasgow Farragut)1864 年在莫比尔(Mobile)说,其实他指的是水雷。实际上从那时起,水雷和鱼雷击沉的舰船比其他任何海上武器都多。

---

① *The Military Balance*,1984-1985.

② 当时 Torpedo 一词也指水雷。——译者注

③ 法拉格特(David Glasgow Farragut,1801.7.5—1870.8.14),美国南北战争的一位海军将军,参加过1812—1814 年的第二次美英战争和1846—1848 年美墨战争。——译者注

鱼雷取得了累累战果,但是有动力的鱼雷通常可靠性很低,特别在战争初期。在第二次世界大战开始时,德国、英国和美国的鱼雷失败率都非常高;德国 U 型潜艇艇长声称曾听到 3 枚鱼雷撞击"纳尔逊"号战列舰舰壳的轰隆声,但是没有听到随后的爆炸。他这种沮丧的心情其他人也经常碰到。然而,这并不意味着中等强国可以忽视鱼雷,不在更高强度的作战行动中用其作为武器,或无视它对自身的威胁。迄今为止,还没有应对鱼雷的硬杀伤的防御措施,它们在有效时间内非常难以被发现和反击。虽然现在很多鱼雷拥有抗干扰措施,但音响引导头型鱼雷还是会受到诱导。相对于其他武器,鱼雷在可靠性和精密性之间的平衡是关键的,需要中等强国慎重考虑。击沉"贝尔格拉诺将军"号的鱼雷是 20 世纪 20 年代早期设计的;阿根廷"圣·路易斯"号潜艇宣称向 1 艘英国护卫舰发射的鱼雷是德国的现代产品,但却没有起到效果①。

水雷技术也越来越精密。甚至在第二次世界大战时期,水雷就分为了四类:接触式、磁感应式、音响式和压力式。其中有一种音响水雷,一旦被特定种类的舰船或潜艇噪音触发,会释放出鱼雷或其他武器攻击入侵之敌②。后期的水雷没有经过战争检验,而早期的水雷经过实战检验,它们费用不高,布放也不困难。对于担心本土水域遭到入侵的中等强国而言,对外宣布水雷区是事半功倍的方法。但这种选择更适合人口较少的中等强国,比如在布列塔尼或康沃尔沿岸进行防御性布雷,似乎并不会

① Ethell and Price, *Air War South Atlantic*, p. 74.

② Ted Hooton, 'Naval Mines', *Military Technology*, No. 9/84, pp. 27 - 33.

受到当地渔民或游艇所有者的赞同。

因而，水雷对于中等强国来说是一种有价值的选择，但同样它也经常被视作需要进行防御的威胁。一般来说，战争等级越低，越不太可能在己方水域内发现对手的水雷，但这种威胁可能会出现在任何范围内的任何等级的战争中。

如何使水雷失效，这是由水雷原理和海洋环境的本质所决定的。不同的原理需要不同的手段来发现沉在海底的水雷，并通过遥控触发它们的音响或磁性装置将其引爆，同时也可以通过割断雷索扫除锚雷。反水雷兵力要经常在恶劣的天气和水文环境以及强潮流中进行精确航行，反水雷舰船或飞机的声音和磁性特征必须很弱，以保证不会触发要扫除的水雷。

海域巨大且分散的中等强国，会认为大规模的水雷威胁无法克服。英国大概需要多达 500 艘（架）反水雷舰艇（飞机），才能确保开放所有港口的同时免遭水雷的威胁。对于中等强国来说，唯一的办法是稳扎稳打，将水雷对抗集中在更可能发生紧急事件、战争更可能升级以及易遭攻击的重要区域。

反舰武器可以有一系列的选择，其中很多都是致命性的，能从空中、海上和水下的各类平台发射。反舰武器也有理由实现多样化。正如前文所说，水面舰艇更适合低强度作战行动，在控制这类作战行动时，用来对付水面舰艇的武器不应当仅仅包括致命武器。比如火炮就非常实用。就像任何炮手都会告诉你的一样，用火炮打不中没关系。同样，在警告无效的情况下，你可以迅速地开始正式射击，导弹不会随时有这样的灵活性，而鱼雷或水雷则根本没有。

平台和系统

"在射程不断增加且弹药精确制导的时代，陆上、空中和海上平台的优势正在急剧消失"。这一口号极为荒谬和危险,这种概括并不科学,公众受此影响已经不止一日①。大家也许会联想到,皇家海军"征服者"号核潜艇这样高度现代化、复杂昂贵的平台,竟然用"无制导"的旧鱼雷击沉了"贝尔格拉诺将军"号巡洋舰,或许已经把上述愚蠢的口号打入了海底。其实,在福克兰群岛战争之前,就有人宣扬这个口号,目的是以此证明缩减海军的正确性。这种说法目前似乎仍然存在②。也许,它的残片的确值得保留,不仅作为过分简单化的危险例证,而且可以用"优势"这个词来为讨论平台和系统的相互作用提供一个出发点。

从某种意义上讲,一个平台不可能永远占据优势地位。就像穆瓦内维尔所指出的,平台在海上和空中前进和机动的能力可以不断增强③,它能够为所携带的武器提供共同的服务——包括信息的获取和处理、动力、弹药、操纵等,这些可以利用的设施也能够通过应用现代技术不断进行改进。但必须将平台和它的武器视为一个整体,也许平台本身就占有优势地位,但它更依赖所携带的武器和控制武器的装置。

武器在本质上是进攻性的还是防御性的,并不像想象得那么至关重要。首先,几乎没有多少武器纯粹是进攻性或是防御性的。鱼雷是最纯粹的进攻性武器,但当潜艇受到水面舰艇攻击并处于极度危险之际,发射鱼雷,此时,鱼雷就可以认为是防御性的。"海猫"导弹用于近战防空,但可以用作进攻性武器来对付水面快艇。在菲律宾海战斗中,美国航空母舰曾经对日本

---

① British Atlantic Committee, *Diminishing the Nuclear Threat* (London, 1984), p.33.

② Cmnd. 8288, para 5.

③ Moineville, *Naval Warfare Today and Tomorrow*, pp.80-81.

的进攻飞机实施了"火鸡猎杀比赛"，"比赛"进行了一大半才开始进攻①。这种战术意义上的优势地位肯定是平台和武器相结合以及进攻和防御功能保持平衡的结果。

还有另外一种优势地位，主要体现在舰船设计方面。有一种非常简单的观点，像大多数简单的东西一样，由于不是长时间思考的结果，因此存在风险。有人指出，和平年代的舰船设计意味着建造高质量的舰壳和机械装置，将武器、军需品和舰员随意塞进去，然后让舰船横在下水的地方。尽管上述说法并非对事实的公正评价，但当时的舰船设计确实没有优先考虑人员的食宿条件。②20世纪60年代舰船设计又急速转向另外一个方向，朝着像42型驱逐舰那样高度集成的方向发展，各系统之间相互依赖到了不正常的程度③。此后几十年中舰船设计则不再那么紧凑，至少在各方面基本达到平衡，与以前的舰船相比，武器密集度更高④。比如法国为沙特阿拉伯建造的"麦地那"级护卫舰，在3 000吨以下的舰上装备了一系列强大的常规武器系统⑤。

这样说来，武器在平台设计中的确占着一定的主导地位，但不应当占绝对优势地位，而将机动性、坚固性和续航力等因素排

① S. W. Roskill, *The War at Sea*, Vol. III Part II (HMSO, London, 1961), pp. 196-197.

② Edgar J. March, *British Destoyers* (Seeley Service, London, 1966), pp. 267, 398, 467, 概述了更精确的设计，特别是起居舱室的空间的进展情况。

③ M. Hastings and S. Jenkins, *The Battle for the Falkland* (Michael Joseph, London, 1983), pp. 154-155

④ Sir Ronald Mason, 'problems of Fleet Balance' in *The Future of British Sea Power* (ed, Till), p. 216.

⑤ Ezio Bonsignore, 'The Madina-Class Frigates', *Military Technology*, No. 1/85, p. 30.

除在外。这些因素对于远程作战的兵力尤其重要,无论武器多么先进,如果不能到达执行任务的海域,就没有任何意义。装备导弹的快速攻击艇非常适合在沿岸海域使用,但跨越大洋就困难重重,即便跨越大洋,如果没有必要的岸上设施,也无法维护保养。

另外,吨位较大且适合航行的舰船平台,与大型海上飞机平台一样,都不会被轻易放弃。但现代技术确实能带来灵活性和适应性。美国在 20 世纪 60 年代末 70 年代初对"阿拉帕霍"①(ARAPAHO)概念进行了研究,对于一个拥有如此多军事资源的强国来说确实有些奇怪。这一概念是通过在快速集装箱船上加装专门设计的模块式装备,将它转变成携带飞机、人员或两者兼有的船只。它们同样也可以加装自卫系统,甚至加装舰舰导弹。然而,平台必须确保其上面的武器能够正常运转。如果出现技术性问题,必须想方设法解决。

开支

海军建设过程中,所有中等强国可能都会受到财力的制约。博西格诺在描述沙特阿拉伯海军的一个建设规划时,指出它可能是独一无二的,因为只有这个国家才拥有足够的财富进行如此雄心勃勃的建设②。中等强国当然拥有存在更长久的军备和训练基地,但这也会带来巨大的财政负担,此类基础设施的运营开支必定会添加到用于新开发装备的成本上,

---

① 美国海军"阿拉帕霍"直升机保障系统概念是通过提供一个模块化的、自给的设施,能够在商业集装箱船上完成航空中间维护的系统,该系统能够在船舶航行过程中和锚泊状态下完成作业,甚至能将该系统移至岸上进行操作。

② Bonsignore,'The Madina-Class Frigates', p. 30.

费用惊人。

国防预算非常复杂,不仅在于它的细节,还在于它的基本原则。以国内生产总值体现的国家财富只是一个因素,其他因素还体现在对直接威胁的认识、对运用各种手段应对威胁的认识、盟国的影响以及国家习惯。所有这些因素相互作用,会造成任何时候的国防开支在国内生产总值中的比例过高或过低。例如,1982 年以色列认为自己四面楚歌,国防开支超过 30%;法国和德国认为自身拥有盟国,所以在一定程度上是安全的,国防开支为 4%;巴西认为对自身的威胁程度较低,所以国防开支只有0.8%[①]。毫无疑问,国防预算存在很大的惯性,甚至是传统,但在过去也因为各种因素而明显地左右摇摆[②]。当年,葡萄牙为了维持非洲殖民地,国防开支预算超过 10%,而现在才 3% 多一点。

在国防预算内对军队建设开支的不同部分进行复杂的分配计算,并非本章要详细讨论的。然而,有必要提出一个普遍性观点,简要说明海军的一些"花钱大户",这些"花钱大户"因为开支过大可能会否定或误导一些战略概念。

1. 冷酷的指数

现在,6%倍数现象在国防财政计划中几乎是根深蒂固的,至少在英国是如此。这是一条经验性的规律,指装备从一代到下一代的实际开支每年增长约 6%[③]。譬如,一架飞机 1975 年

---

① *The Military Balance*, 1984—1985, pp. 140 - 142.

② Sir Frank Cooper, 'Economic Constraints in Britain's Defence Planning' in *The Future of British Sea Power* (ed, Till), p. 172.

③ 参见 Cooper, 'Economic Constraints', p. 178; J. R. Hill, 'Apocalypse When?' RUSI, *Journal*, June 1981, p. 63.

价值1000万英镑,如果不考虑通货膨胀,到1985年将要花费1900万英镑。这个假设是指每种情况下每一件装备都能代表它这一代的水平。

其中的含义显而易见:如果实际国内生产总值没有按照与倍数一样的速度增长,那么用于国防开支的比例就不增长,这一代武器装备的数量就会下降。在一些老牌中等强国,情况确实如此。

必须强调一下,这个指数规律是经验性的。它涉及的是装备在参谋机构冗长的办事程序中诞生、发展和生产的整个过程。因此,它们不仅是技术的成果,而且是对威胁的认识、战略和战术观点以及国家经济和工业水平的结果。在这一点上,为了不屈从这样一个明显有损害性的规律,可以从另一角度来看待这个冷酷的指数。

任何装备的性能参数都可以量化。例如,对一艘船来说,可以量化的参数有航程、速度、武器射程和吨位、数据获取、通信等,还可以加上人员士气、舰船自给力等难以估计和量化的性能,它们合在一起便构成性能的整体评估。针对成本,性能并不是以直线形式增强,而是遵循指数曲线的形式。(见图 2.7.1)

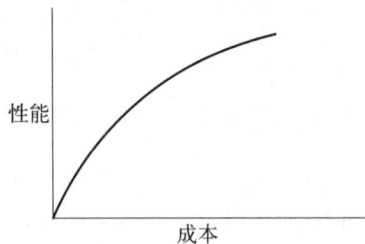

图 2.7.1 武器系统:性能与成本的关系

这是因为,总的来看,任何领域的额外性能都需要付出更多的努力,这对于设计和开发(对于主动声呐,探测距离要超出设计的10%,就需要再增加50%的功率)以及作战(全速前进要额外消耗油料)都是如此。

但是,如果通过效能与威胁之比来表示时,曲线看起来就不一样了。在效能较低的层次上,一种装备看似成本低廉,令人无限欣慰,但是它的射程达不到要求,缺乏持续力,甚至非常不适合恶劣海况,以至于装备失效,舰员丧失战斗力。如果将这些参数计算在内,曲线通常看起来会如图2.7.2所示。

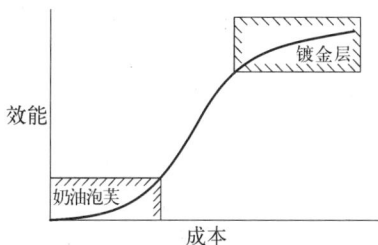

图2.7.2 武器系统：成本与效能的关系

底部区域可以称之为"奶油泡芙",装备看上去不错,但是一次严重威胁就能将其轻松击败。然而,顶部也留有一片区域,称之为"镀金层",在这里成本费用大幅增加,但是却不会增加多少取胜的机会。

中等强国有可能会在指数的"镀金"端收场,尤其是那些盲目模仿超级大国的中等强国,这一点至少是有道理的。只有对可能要在海上执行的任务进行最冷静的评估,并根据任务调整费用和效能,才会使它们远离那个危险区域,也许还会打破残酷的6%倍数。

2."花钱大户"

无论计划和费用控制程序多么严格,一些与海洋相关的活动注定是"花钱大户",需要中等强国进行详细审查,首先是它们的必要性,其次是它们的规模。

首先,无论作为武器还是发电厂,核开发在装备和技术两个方面都需要大量的初始费用。项目一旦投产,就必须能承受得了,但这并不能减轻前期的负担。另外,核技术不能容易转换,政治和财政成本通常都很高。

第二,开发任何全新交通工具的尝试,特别是从超级模型到作战舰船或飞机的开发过程是非常昂贵的。如果当初在气垫船上投入足够的钱,也许已经发现它在战争中的有用功能。尽管气垫船看上去非常适合水雷战,但迄今为止没有哪个国家因此而选用它。更有潜力的多功能远洋小水线面双体船需要的技术革新已经达到了令人吃惊的程度,如果它成为21世纪的海军制式装备,一定是由超级大国首先建造生产①。自第二次世界大战以来,就算有一些中等强国发起了著名的技术革新研发运动(最著名的也许是后来的"海鹞"垂直短距起降飞机),用于类似开发的钱也是越来越少,即使得到批准立项,其在未来的海军兵力结构中也不会拥有"海鹞"式这样的地位,只有私营公司的支持者在维持着它。

具有讽刺意味的是,海军装备体系中排名第三的"花钱大户"是搭载固定翼飞机的大型海上平台。正是以费用为由取消了此类舰船的英国版,才使"鹞"式作为海军型飞机确立了自己的地位。"大型航母"确实是一种开支极大的舰船,必须为其提供全面而周到的保障,多数中等强国仍然

---

① Captain S. E. Veazey, 'New Shape in Ships', US Naval Institute, *proceedings*, February 1985, p.40.

维持运行着小型航母，它只能容纳很少且一般为老旧型号的飞机。

在"花钱大户"中排名第四的是全面、自主的大洋反潜能力。它需要各种不同的资源以及高水平的技术和训练，因此高昂的开支不可避免。在这个领域里没有捷径可走，损耗是规律，深度防御是能赋予其成功意义的唯一方法[①]。

排名第五的是提升水面舰艇防御来袭导弹饱和攻击的能力。在更高强度的作战行动中必须接受伤亡，而且也不存在天衣无缝的防御，这是行不通的。为了实现目标，就必须要有足够的舰船保持作战能力，要想在大规模威胁中得以幸存，想只付出最小的代价是不可能的。

最后，除了最粗陋的弹道导弹，任何进入太空的行动都是极其昂贵的冒险[②]。近几十年来，中等强国从来没有单独实施这类工程。英国使用美国的火箭将自己的通信卫星送入轨道，日本和澳大利亚则花钱使用美国的技术和设备。除了欧洲太空组织外，法国与其他欧洲国家几乎没有合作什么项目。

对于一个中等强国来说，即使通过前文所建议的所有概念性试验——评估对手威慑声明、经济和外交措施、海洋利用和海洋拒止、战争等级和作战范围——尽量对海上自主权进行限制，"花饯大户"的名单也可能非常惊人。如何将它保持在可控范围内将是下一章的主题。

[①] Hill, *Anti-Submarine Warfare*, pp. 108 and 110.

[②] Novman Friedman, 'Real-Time Ocean Surveillance', *Military Technology*, No. 9/84, pp. 76–81.

第三部分　可能的战略选择

一、规划、组织与部署

根据笔者大约 15 年的经验,海上力量规划是一个复杂而反复的过程,时常让人沮丧,却又总是让人着迷。穆瓦内维尔说得好,这些国家面临的问题最大——"它们处于中间地位,无法为所有事件做好准备,却仍然有足够的资源可以提供多种选择"。这些国家指的就是中等强国①。超级大国和小国也许不同意这种观点;它们有自己的问题。至少在本书中,必须容许中等强国的自怜。

规划过程并非井然有序,通过分析让它有序的尝试可能会造成危险的误导。不过,在此必须叙述一下一般的规划过程;也许这看起来是理想化的方案,实际上也可能的确如此,但是却可以借助它来校正屡见不鲜的偏差。

中等强国在任何时候都拥有一个海洋力量结构,包括舰船、港口、渔业和海空军力量。因此,规划过程不是间断的,而是循环的。从哪里进入这个循环,取决于人的特殊利益和考量。不过鉴丁本书是从国情及利益开始,因此不妨从这方面讲入这个

---

① H. Moineville, *Naval Warfare Today and Tomorrow* (Blackwell, Oxford, 1983), p.91.

循环。

理想的规划过程需经过图 3.1.1 所示的几个阶段。在靠近起点的地方是"发展目标"这一概念,也就是说制定规划需要考虑未来许多年的事情。科学家的未来预见、情报官员的谨慎预测与外交官每天关注的事物之间的不协调,要尽可能降到最小。

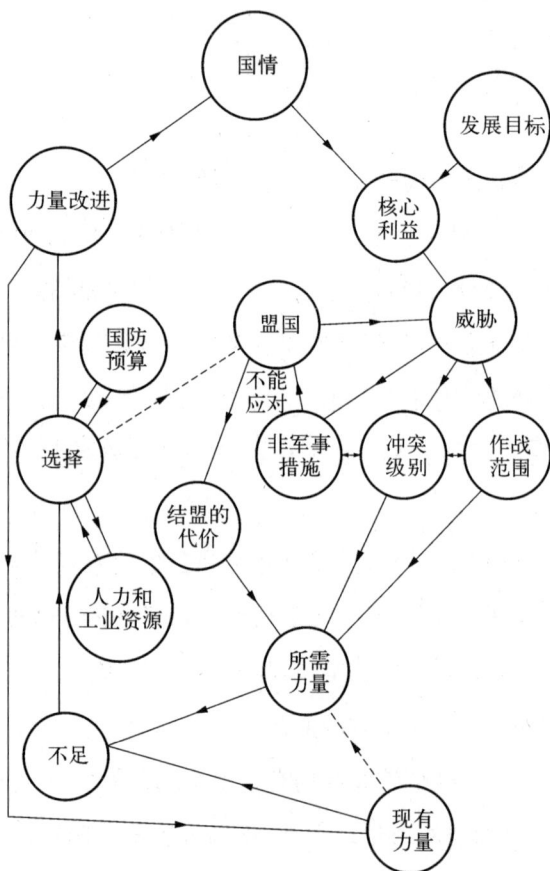

图 3.1.1　规划过程

接下来,表中箭头指向的每个因素都表明该因素需要认真评估,并由政府做出决策。事实上,大多数中等强国都忽略了表中右半部分列出的内容。英国政府不愿意处理这些问题,在本书前面已经多次提到,而印度、巴西甚至是日本的情况也都差不多。在过去的 20 多年中,以色列的战略一直都非常适合它所面临的严峻的安全问题,但是在 20 世纪 80 年代初期却在武装力量机构和使用方面出现了极其错误的转变。法国的情况要好一些,无论是个人的著作,还是成立的一个海洋部门,都说明了这一点。而澳大利亚则似乎在为海洋防卫的基本原则而痛苦,忽视了表中所列的左半部分而不是右半部分,应该因此受到批评①。

实际上,表格的右半部分与本书的模式大体一致,只不过这里指的威胁是对核心利益的战略威胁,并非作战物资计划员所热衷的具体技术威胁。由于大多数装备的研发周期很长,针对某项已知的、现有的具体威胁所表现出的性能并不是最好的检验标准。按照这种方法研发的装备很可能灵活性差,甚至会过时。与各种方案一样,具体威胁可以作为有用的检验手段,却不能作为制定规划的基础。

让我们再回到战略威胁上来。考虑到这些威胁针对的是核心利益,因此它们导致了海上武装力量规划中最关键的决策领域之一:冲突级别和作战范围。没有哪个国家愿意去打那些毫无意义的仗,因此以非军事手段应对威胁在此也必须进行考虑,并使之与军事措施能够相辅相成。强大的贸易地位、

---

①　*Australian Defence Policy for the 1980s*（Australian National University Press，Canberra，London，1978），ed. R. O'Neill 一书的大多数撰稿人勾勒出了一种"自足"政策,这一政策在澳大利亚海军研究所举行的海洋力量 '81 研讨会上 Arthur Tange 爵士的演讲"澳大利亚区域防御承诺"中进行过反思。澳大利亚一直没有放弃这一政策,但是 Lieut. Cort D. Wagner 在 'Australia'，US Naval Institute，*Proceedings*，March 1983，pp. 84 - 90 中表明国家力量达不到要求。

强劲的语言文化联系以及海外援助与政治谈判既可以将威胁降到可控水平,也可大大减少对作战行动层级的要求。比如,法国在印度洋的计划似乎都是低强度作战行动,因为该地区利益、威胁以及非军事手段的相互作用使该地区不可能突然发生高强度作战。这种估计肯定是有一定风险的,不过必须注意到一个事实,即法国军队有足够的投送能力和更强的作战能力来应对紧急行动。

对大多数中等强国而言,专属经济区之外肯定存在一些非军事手段无能为力的地方,而且必须为这里的高层级作战行动做好准备。这种情况下,部队作战范围就成了规划的一个关键因素。印度洋实际上要比墨卡托(G. Mercator)绘制的地图上标明的大许多,甚至从印度的中心位置出发到其外围展开军事行动也需要大约 2 000 海里的作战范围。因此,印度必须判断自身所期望的影响力所及的距离。然而,从印度的有关著作(当然绝不只是海军军官的著作)可以清楚地看出,印度把整个印度洋都看作与其核心安全利益密切相关①。此外,日本所谓距离海岸 1 000 海里的"航道保护"也是战略规划过程中考虑作战范围的一个典型例子。

对这一阶段规划的讨论是一个复杂的综合过程,必须果断思考才能最终找出令人满意的解决方法。在只考虑中等强国威胁的情况下,找到这些问题的解决办法是可能的,可以咬紧牙关进入下一阶段的规划。不过,超级大国的威胁几乎总是一种不

---

① G. S. Bhargava, *India's Security in the 1980s* (IISS, London), p. 23; Brig. Y. A. Mande, 'India's Security Environment', *USI Journal* (New Delhi), October — December 1983, p. 307.

和谐的音符。

一旦出现超级大国的介入，中等强国很快就会意识到或许自己根本无法应付；或许在风险很大的情况下，能够进行低强度的独立对抗；或许在紧急情况下，必须做好独立应对较高层级冲突的准备。不管怎样，中等强国总是面临超出自己应对能力的超级大国升级行动的可能性，因此，在与超级大国的大多数对抗中，中等强国将会处于无法应付的境地。

联盟及其代价

鉴于上述情况，中等强国必须考虑组成联盟，尤其是与超级大国的联盟。一旦超级大国加入联盟当中，将会导致威胁模式的变化，对冲突级别和作战范围这类问题必须重新进行研究，这样一来，又一个反复的过程就此开始了。这一过程很容易变为一个封闭的循环过程，人们往往会认为自己国家所面临的威胁足以被自己所在的联盟的力量抵消，这样战略规划就被悠然自得的想法替代。这种想法是绝对不应该的，因为联盟不可能对中等强国面临的所有威胁都感兴趣。

提到联盟还有另外一点需要注意，那就是联盟的代价。没有一个盟国会无私地做出承诺。即使有相同的文化和利益，也不能保证一个强国能够对一个弱国倾力相助。因此，中等强国必须得付出某种代价来赢得盟国的支持。

首先，这种代价可能会是战略地位。比如，英国位于大西洋东边，远离美国，同样也远离与斯堪的纳维亚及德国的可能的前线，因此对美国及其主导的联盟有重要的战略价值。另外，这一种情况也适用于法国，尤其是法国拥有布列塔尼半岛的港口（比英国的港口离苏联还远）以及与欧洲的陆地通信。其次，与战略位置有关的是基地、通信或者情报设施。澳大利亚对澳美新联盟的一个重要贡献就是为其提供了一个甚低频发射台,这个发射台能与美国的潜艇进行通信联系。一些澳大利亚人认为这座发射台将使澳大利亚成为核打击的目标,因此强烈反对①。第三种代价可能涉及中等强国所能提供的资源,也许是技术资源,也许是原材料。即使使用市场价购买,为了保证获得这种资源,超级大国也会寻求与拥有该资源的中等强国结成联盟。18 世纪,英国与波罗的海诸国的关系就是以桅杆和圆材的供应为基础,而20 世纪美国对沙特的扶持也是基于石油供应的考虑。记录表明,在这种关系中更多的是以备忘录的形式,而不是正式联盟。

最后,这种代价也可以是由中等强国提供武装力量。这部分武装力量可能通常是在本国控制之下用于执行联盟任务,也可能是专门用于执行联盟任务,不再执行本国任务。第二次世界大战后德国的驱逐舰部队就是二者兼而有之。尽管德国的海上防务政策只是确保打赢争夺波罗的海出海口的战争,由于北约是一个海洋联盟,因此德国也必须拥有一定的远洋舰船,而且像德国这样一个主要成员国应该做一些"蓝水海军"型的贡献。这些武装力量要执行联盟的有关任务,就要定期参加北约的"大西洋常备海军"。当然,作为联盟的代价,这种部队的设置有时也会有些过火。正如奥尼尔所言:"在美国人眼中,澳大利亚比澳新美联盟还要重要"②。

兵力需求

中等强国的海上兵力需求应考虑两方面的内容:一是国家

---

① Noel Butlin in *Australian Defence Policy for the 1980s*, ed. O'Neill (University of Queensland Press, Queensland, 1982), p.97.

② O'Neill, *Australian Defence Policy for the 1980s*, p.292.

需要,也就是必须完成国家赋予的任务(甚至包括联盟任务)所涉及的冲突级别和作战范围需要的兵力。二是联盟代价,包括提供给联盟的武装力量以及所有其他值得交易的资产。

这两种因素相互交织,决定了兵力需求。很显然,即使在这一阶段也需要考虑一下现有的武装力量。当年,费舍尔(John Fisher,1841—1920)之所以能够一边叫嚣"抛弃一切",一边积极着手组建无畏战舰舰队,是因为那时不仅资金充足,而且装备生产周期要比今天短很多。而在20世纪末,要想对一支海上力量进行更新换代没有5年以上的时间是远远不够的。

不过,这不能作为止步不前的理由。从容的、有目标的行动与规划的变化无常截然不同。在国防部和学术界,有关武装力量规模与类型的研究是一项经常性的工作。关键是应该从战略的根本出发,而不应纠缠于某些细枝末节上。

中等强国的海上兵力规划首先要着眼周边:保卫国家领土完整和维护近海水域的良好秩序。这就需要一支能够应对低强度作战、最精干的警察型力量,包括:速度相对较慢、价格相对低廉的岸基飞机,但是要装备监视与通信设备;装备有高精度轻型反舰武器的水面舰艇,不必具有跨洋能力,但是要能够适应恶劣天气,拥有为了有效作战所必需的基地支援和指挥设施。其他的国家海事服务包括海洋调查、航行警戒、航道规划、浮标布设、港口入口管理等——这一切都包括在现在流行的"船舶交通勤务"中,而且也构成了一个秩序良好的整体的一部分。毫无疑问,这个整体的秩序越好,那些对中等强国别有用心的人就越没有机会在其毫不知情或来不及反应的情况下,对其领土进行侵犯。

上述秩序是由像美国海岸警卫队和日本海上保安厅这样集

中控制的部门来维持，还是由像英国那样的松散、依靠经验的机构来承担，在一定程度上要取决于一个国家的历史和特点。各种职能之间肯定会存在某些空隙，但是如何填补这些空隙在实践中似乎非常重要。

不管是哪种情况，有一点是肯定的：一旦出现严重威胁都必须有相应的掩护措施。比如，在有些情况下，面对恐怖分子对沿海设施的威胁，就需要建立一支经过特殊训练的机降部队；面对水面力量的入侵，岸基固定翼飞机以及装备有导弹的水面舰艇就成了重要的支援掩护力量；水雷在进行沿海防御时是一种非常有效而又价格低廉的武器，在局势紧张时也可作为一种有效的威慑手段；从理论上来说，近海部署的小型常规动力潜艇也是针对主要入侵之敌的一种高效的掩护形式。在福克兰群岛之战中，阿根廷"圣路易斯号"潜艇没有在英国特混舰队那里取得胜利，但是它能生存下来就是对支持潜艇的人的很大的鼓励。

任何拥有漫长海岸线和广阔经济区的中等强国都需要一支不可压缩的海空警察力量。这支力量必须与具有良好协调能力的船舶交通勤务机构保持联系，能够得到力量支援；这些支援包括更加强大的海空兵力、快速反应部队以及近海潜艇部队和水雷。这些力量中，大多数都应该拥有至少能到达专属经济区边界的作战范围，不过这一要求对巴西和澳大利亚这样的大国来说并非易事，因为它们都有着漫长的海岸线，而沿岸基地却相对不足。

如果上述需求就是全部需求的话，那么大多数中等强国都可以应付。但是，前文曾经讲过，中等强国的利益远远超出了本国200海里的专属经济区范围，如此一来就需要将那些花钱大户纳入到力量需求规划中了。

首先,要明确中等强国准备应对什么样的对手和什么级别的冲突。如果是面对与小国或是一般中等强国的低强度战斗,也就是说一交锋就会撤退或只有依赖盟国才能维持下去,那么只需要护卫舰并辅以舰载直升机和简单的反潜装备就可以了,掩护兵力只需依靠盟国的支援,不需要本国力量。

当然,中等强国并非会接受这一建议,但是对某些地区或某些承诺关系而言(譬如英国在香港),这却是唯一合理的对策,而它之所以不被普遍接受,是因为在这种低强度冲突中盟国是指望不上的,这样一来中等强国就需要建立一支可以应对更高级别冲突的武装力量。如此,本书探讨过的海洋利用、海洋拒止以及作战范围马上就会出现在武装力量结构的范围中。海洋利用可能是中等强国在远离本国海岸的区域进行活动的核心。像前面提到的,它需要一种在较高级别冲突中防御敌人从水上或水下攻击的能力。

水上防御可能只包含舰载武器及相关对抗装备,但飞机却提供了一种更好的侦察监视、预警及消耗敌人的手段,任何筹划更高级别作战的中等强国,即使是在对抗另一个中等强国时,也可能把飞机看作兵力需求的一部分。如果作战范围仅仅是到达距本土几百海里的区域,那么岸基固定翼飞机就可以满足需要,当然要经过适当的训练,而且其指挥和调度机构能对海上需求做出快速反应。如果超出了上述范围(可能需要侦察机飞行1 000 海里或者更远),那就需要从母舰平台放飞或者需要更高级的基地。后者现在还非常少见,维持这种基地的政治和财政代价都非常高,而且由于这种基地无法移动,其覆盖范围也是固定的,不够灵活。另一方面,随着垂直短距起降技术的发展和"阿拉帕霍"概念的提出,针对海基战斗机的母舰平台建设成本大大降低,因此这一兵力投送形式越来越受到青睐。

不过,必须牢记:一支海上力量即使装备有飞机,也仍然需要大量资源来应对水面威胁。对一个中等强国来说,装备类似美国宙斯盾系统的高度复杂的武器系统肯定会超出自身的能力,重点应当是发展各类自卫手段,对来袭导弹既要有硬杀伤力又要具备欺骗干扰能力。比如,安装简易、价格低廉且能够有效保卫平台免受导弹威胁的近防武器系统就很受欢迎。可能采用的防御手段包括防空导弹、电子对抗手段、箔条干扰,未来还可能有高能激光①。要击落低空飞行的来袭导弹,必须能够快速准确地探测获取目标,其费用高昂也主要在于这一部分,而不是其战斗部署。

水面防御有时也包括源头攻击,也就是攻击舰舰导弹的载舰。从这方面来讲,如果中等强国已经决定发展制式战机这种远程反舰力量,那么形势可能对其更为有利。而射程相对较近的舰对舰导弹,如果能辅以良好的侦察及战术控制措施,也不失为一种有效的反制方法。最后,如果中等强国拥有潜艇,那么就有了反击水面威胁的最有力的武器了。不过,目前潜艇在信息获取与指挥通信方面还有不少困难,单靠潜艇来应对水面威胁似乎还不太够。

如果说靠水面力量维持海洋利用非常复杂的话,水下手段也简单不了多少。目前情况下,鱼雷一旦发射,被攻击目标所能做的仅仅是采取各种可能有效的干扰措施,但却无法将其摧毁。至于其他方面,水下威胁的防御主要是瘫痪敌方的潜艇。

---

① Capt. A. Skolnick, 'Too Light on Lasers?', US Naval Institute, *Proceedings*, December 1984, p.30.

　　在这里还需重申,对中等强国来说,拥有一支以装备精良的远程作战飞机为主、可以在距本国海岸线 1 000 海里以外区域进行部署的岸基空中力量是十分重要的。这支力量可以与水面力量密切配合,也可以单独行动,如果可以建立有效通信,还可以与潜艇进行协同行动,它们不仅是强大的搜索攻击兵力,也是对敌方潜艇的一种强大威慑。然而,它们的远程巡逻区半径至少为 1 000 海里,如果这种飞机数量有限,那么能提供的支援掩护也会很有限①。

　　在反潜作战中,不可避免的还要使用其他兵力。要想做到事半功倍,必须针对敌方潜艇活动配置这些兵力,使敌潜艇战术最大程度复杂化,逼迫其暴露踪迹,以便我方探测。这是护航或防御一方的传统做法,即使在目前以拖曳阵列、反潜直升机以及核动力潜艇主导的时代,它依然行之有效②。

　　也许正是在反潜战这一领域,中等强国在规划兵力结构时面临着最大的困难。首先,是否需要采取措施对抗核动力潜艇?尽管现代化的常规动力潜艇已经装备精良,极其安静,难以探测,但是仍然不及核潜艇威胁大,而且对其采取的反制措施也比核潜艇简单。对抗常规潜艇的方法也有所不同,更多的是依靠雷达,而不是被动声呐和反潜潜艇。如果威胁可以选择的话,那么中等强国肯定不会选择核潜艇,这样又可省去一人笔开支。但是,这样做的风险很大,因为在接下来的几十年中,将会有更

---

　　① Air Vice Marshall G. Chesworth, 'Maritime Alliance. Practice and Future', *Maritime Strategy Seminar*, 15 October 1981 (RUSI), pp. 26 – 30.

　　② J. R. Hill, *Anti-Submarine Warfare* (Ian Allan, Shepperton, 1984), pp. 102 – 103.

多的国家掌握用于核潜艇的核反应堆技术。另外，在反潜领域还存在本国需求与联盟需求不匹配的问题。这一问题对英国来讲尤为明显：英国在北约承担着高级别的反潜任务，但是很可能已经远远超出了本国需求[①]。

此外，由于无法在全部作战范围内进行远程海上巡逻，又加重了中等强国在规划兵力结构时面临的困难。即使是世界上最强大的联盟在大洋深处也面临着这种困境。虽然美国的航母战斗群拥有足够的空中力量，但是也仅仅能够满足自身防护的需要，而无法将保护范围扩展至所有船只。对中等强国来说，情况更是如此。这就极大地限制了她们在远离本国海岸的区域反制敌方潜艇、保护船只的行动。当然，解决这一问题并非毫无希望，尤其是与非一流敌手对阵的时候。但是，这一问题的解决只能是部分的，非常有限的，而且总会带来一定风险。

对于更高级别的兵力而言，有一种特殊因素，随着作战范围的增大，越来越突出，这就是投送两栖部队的能力。尽管运用两栖力量的历史几乎和利用海洋的历史一样悠久。针对锡拉库扎的亚尔西巴德战役，如果不是登陆战的话，就根本不值得称道了。但它有一个明显特征，就是缺乏准备，这种随意性一直保持到第二次世界大战之前。随后，登陆战风靡一时，以至于战后其主要倡导者——美国海军陆战队不仅为它发明了一个新的名称（即"对岸力量投送"。不过，由于之后登陆战上升为由海上发起

[①] Sir Ronald Mason, 'Problems of Fleet Balance' in The Future of British Sea Power (ed. Till), p. 213. Sir Ronald 完全是在"为北约贡献"的背景下讨论英国的反潜作战。

的一种战略威慑,这一称呼很快就变得有些模糊了),而且还斥巨资建立了庞大的常备两栖部队。

在这一方面,中等强国面临的问题是:一、是否需要这种兵力;二、如果需要,应该有多大的作战范围;三、这种兵力依靠临时集结成军的程度。

在最近的一项研究中,尼尔·麦克法兰特别根据安哥拉、埃塞俄比亚、乍得和阿富汗的例子对军事干涉的长远利益提出了质疑[1]。不过,他同时承认,像美国在格林纳达采取的"摘心行动"更有可能获得成功[2]。凯布尔也持相同的观点,在对 70 年代"夺岛行动"的评述中,他写道,所有相关的两栖行动在本质上都是"决定性的"[3]。值得注意的是,此类行动往往跨越陆地边境(像印度吞并果阿的行动),或者由海上发起。

是否需要具备远程攻击能力的两栖部队,可能会在中等强国内部存在不少争议。建立这种常备部队的成本、选择其他威慑或防御措施的可能性、这类兵力面临威胁时的实际价值以及可能获得的战果等等,都是争论的焦点。许多国家放弃了建立两栖部队的想法,而希腊等一些国家拥有登陆舰艇,却没有两栖部队[4]。不过,目前的总体趋势是组建规模有限的专业两栖部队和建造一些作战范围有限的两栖舰艇。这样一支力量,经过周密计划和指挥,足以应付小规模的敌对行动。但是,要想在远

---

[1] Neil Macfarlane, *Intervention and Regional Security* (IISS, Adelphi Paper No. 196, 1985), p. 55.

[2] 同上,p. 61.

[3] J. Cable, *Gunboat Diplomacy* (Macmillan, London, 1981), p. 22.

[4] *The Military Balance*, 1984—1985, p. 42.

离本土的地方打赢战争,则需要更高水平的训练和更加昂贵的装备,也需要更加快速的临时集结能力。如果必须在训练有素、经验丰富的部队与精良的专业装备之间做出选择的话,一个明智的中等强国在资源配置时将毫不犹豫地选择前者。当然在某个环节,也要冒一定的风险。

以上简单讨论了中等强国在应对更高级别冲突时的兵力结构问题。如果要选择一个词来结束这一讨论的话,"风险"一词非常合适。遭遇战争时规划失误的风险、各种系统不能像宣传的那样正常运转的风险、人员伤亡的风险(任何作战行动都应当考虑到伤亡问题)、急需联盟协助时无法启动联盟机制的风险等等——所有这些风险都需要考虑。

不过,有一种办法可以限制风险,同时费用也不算太高,就是提高后勤保障能力。目前,世界上有 12 个国家的海军拥有两艘以上的远洋补给油船[1]。因此长期维持一定的远程后勤保障能力并非特别困难。另一方面,60 年代初期俄罗斯人和 1982 年阿根廷的实践也证明临时扩充这种保障能力并非难事[2]。对弹药和其他固体物资进行系统补给虽然更加困难一些,但也有专门的措施能够应对。不过,在紧急情况下这需要动员征召足够的本国商船。总之,海上后勤补给是一个复杂程度最高的领域,这种复杂程度可以达到效能指数的镀金层那一端。

---

[1] Labayle-Couhat (ed.), *Cambat Fleets of the World 1984/85*, Passim (Canada, China, France, Germany (Federd Repblic), India, Italy, The Netherlands, United Kingdom, USA, USSR).另有 6 支海军各拥有一艘。

[2] R. L. Scheina, The Malvinas Campaign', US Naval Institute, *Proceedings*, May 1983, p.105.

最后,不管多么不情愿,中等强国都得考虑爆发全面战争的问题。首先,她必须明确自己的常备部队究竟要装备到何种程度以应对这样一场战争,而且还必须考虑到超级大国的全面介入以及核武器的大规模使用。要在这样一场战争中生存下来,需要许多代价高昂的条件,而这些条件在低强度冲突中不一定需要。这些条件包括:规避放射尘云、洗消污染、阻挡电磁脉冲影响、抵御比烈性炸药更厉害的水下冲击波。即使组织一场战斗,也需要大范围、远距离的防空和反潜力量。当然,一个超级大国注定会加入己方的话,中等强国就不必担心所有的敌方火力都冲着自己来了,但是这样一来战争又不对称了。

本书提出的原则表明,只有某些中等强国的海上力量应该付出这一特别的联盟代价。适合低强度作战或一般性高强度作战的部队,没有必要具备打全面战争并从中生存下来的能力。实际上,即使在这样的冲突中,他们也可以大有作为,但是在面临终极威胁时,他们就得看运气了。而某些兵力,特别是核动力潜艇和远程海上巡逻飞机,只要它们的基地能够维持,从本质上讲它们也适合全面战争的作战行动,而且是构成联盟部队的重要组成部分。

面对全面战争,中等强国要回答的第二个问题是:是否应该拥有自己的战略核威慑力量。对所有中等强国而言,这个问题用短短一页的篇幅是无法回答的,而且即使中等强国最终选择了海基核力量,这一问题也远远超出了海洋事务范畴。首先,一旦拥有了战略核威慑力量,那么中等强国在维护领土完整时就处于完全不同的地位;第二,战略核威慑力量将消耗 5%～10% 的国防预算,从而对中等强国造成相当大的负担;第三,如果中等强国选择了海基战略核威慑力量,还需要建立潜射弹道导弹部队和许多保障兵力。这些额外的压力会让中等强国仔细考虑这些措施究竟能给自己带来什么好处;增加多少烦恼;其他拥有类似武器系统的国家到底对自己构成了多大威胁;在紧急情况下,本国与联盟其他国家有何不同。中等强国这样做不仅仅是为了今天,而是至少应着眼于未来 20 年的时间。因此,本书特别研究过的国家,譬如印度、巴西和以色列,为了保险起见,已经投资核能,马上就要开始建设了,但是还没有建立起完善的可以作战的战略核威慑力量。而那些已经拥有核武器并有能力制造更多核武器的国家也必然会保持这种战略资产,并不遗余力地将其掌控在手中。

满足需求的兵力

所有上述考虑都会进入到兵力规划之中。当停止搅动之后,炖出的就是部队需要的汤。像任何美味的汤一样,其中的各种调料都要保持平衡。

不管中等强国的核心利益、面临的威胁、可获得的联盟援助以及可供使用的非军事手段界定得多么明确,现实中依然纷繁芜杂、易遭攻击、难以预料。那些仅仅着眼于当下需求而建立的武装力量,很可能无法应对未来的挑战。

中等强国普遍需要一支结构均衡、功能多样的海上力量。但这并不意味着各个方面都要求做到最好。那种盲目自大的做法一旦面临经济压力,势必会导致一味的有害的压缩。由于没有从国家战略角度思考问题,可能会对战略产生长期的消极影响,进而导致盲目的防卫政策,即把所有的防务讨论局限在方法和手段上,而忽视了所要实现的目标。

不过,根据本书前文所述,尤其是本章的内容,规划兵力结构是可以实现的,方法非常清楚。这就需要将核心利益、威胁、联盟、冲突级别以及作战范围进行综合考虑,将其作为制定海上战略规划的核心和在合理限度内设计兵力结构的基础。一条行之有效的普遍原则就是:每一支兵力都应根据所要应对的冲突级别和作战范围进行合理规划和建设。

下面我们以轻型护卫舰、护卫舰和驱逐舰等中型水面舰艇为例来进行说明。尽管英国海军向来重视发展潜艇,但是中型水面舰艇却是他们最昂贵的单笔采购项目[1]。在建设这支力量的过程中,很容易打着"质量"的旗号,在每艘舰船上配置尽可能多的装备和人员,居住条件也力求最佳。结果,建造的舰船的确功能全面,但是价格高昂。从"利安德"级护卫舰到22型护卫舰成本的提高就足以证明这一点[2]。当然,如果面临的是更高级别的冲突和敌方潜艇密集区域,这种舰船就是必要的。然而,如果仅仅是低强度作战,即使是远距离行动也无需这种舰船。而且,由于建造过程中过分强调高强度作战,22型护卫舰甚至没有装备中等口径的火炮,因此在某些低强度作战行动中,这种舰艇或许都没有用武之地。

潜艇兵力也是一样。究竟有多少中等强国需要核潜艇呢?换句话说,哪个中等强国的核心利益在面对可能的威胁和冲突级别时必须使用核潜艇才能进行费效比最高的防卫呢?代价更小的常规潜艇难道不能胜任吗?同样的结论也适用于岸基或舰载航空兵。如果一个国家不想在更高等级冲突中面对拥有潜艇的对手,那么仅靠近岸巡逻监视飞机就足够了,不必付出高昂代

---

① Cmnd. 9227 - II, p.9, Table 2,3.
② Cmnd. 8212 - I, p.45.

价建造远程海上巡逻机。

本书无意为哪个中等强国提供一份海军力量建设远景规划。不过以本书的概念来看，大致可以作以下几种区分：

（1）在专属经济区维持秩序和执法的警察型力量，适用于正常状态和近距离、低强度的作战行动；

（2）远程水面作战力量，适用于低强度作战行动；

（3）数量严格限制的远程水面、空中和潜艇作战兵力，适用于高强度作战行动。

需要指出的是，这里提出的全部都是国家需求。尽管有些本国并不需要，但为了联盟还是要付出代价。不过，这种代价也可以通过武装力量以外的其他形式体现，如设施、外交支持，甚至拒绝与敌对一方的超级大国合作等①。所有这些因素都必须综合考虑。

不足与选择

理想的兵力结构制定出来以后，如果拿来与现有的兵力结构比较，可能还存在不足之处（如果比现有的完美那就更好了，这种情况也是发生过的）。接下来，就要在维持现有兵力结构的同时，研究如何弥补这些不足。

这就需要考虑预算问题，不仅仅是年度国防预算，还有下一个十年甚至更长时间的预算。另外，还要考虑现有的人力及工业资源问题等等。国防采购过程，尤其是在民主国家，是一个高度紧张而又复杂的事情，受到各种因素（有些因素并不符合逻

---

① G. Liska, *Alliances and the Third World*（Johns Hopkins Univorsity Press，Baltimore，1967），p.31.

辑,甚至不符合道德标准)的制约①。对于中等强国来说,有几点需要注意:

首先,国防采购从本质上讲是一项长期任务。当年,费舍尔可能在一年内就能造出"无畏舰",但是如今即使在苏联,主战装备的生产周期也需要至少十年的时间②,而在西方国家这一过程还会更长。因此,即使是国防预算的短期波动也将给国防项目带来严重损失,因此,应当避免这种情况的发生③。维持年度国防预算的稳定性,要求国防政策制定者——精心制订计划,认真计算成本,尽量减少修改。

其次,尽管本国国防工业向来被视为战略力量的组成部分,然而它带来的却未必都是好处。这里有一个极端的例子。当年,处境艰难的西欧造船业为了稳定造船厂的生产活动,用肆意篡改的海军建设项目信息欺骗许多国家采购机关④。原本颇具经济吸引力的近海采购项目会轻易地被这种游说卡住。譬如,20 世纪 70 年代末,英国自主研发的"猎迷-3"型空中预警系统在中标时得到了议会近乎一致的支持,然而,后来却遇到了昂贵的开发问题,当初如果选择美国的机载空中预警控制系统(AWACS)系统就不会有这些麻烦。同样,在否决美国的产品

---

① 对于影响英国的金融方面,参见 Frank Cooper 爵士 'Economic Constrains on Britain's Defence Planning' in *The Future of British Sea Power* (ed. Till), pp.171-84. 对于其他方面更全面的研究,参见 Roger Facer's *Weapons Procurement in Europe — Capabilities and Cheices* (IISS, Adelphi Paper No.108, 1975).

② Hervé Coutau-Bégarie, *La Puissance Maritime Sovietique* (*Economica*, *Paris*, 1983), *p*.79.

③ Sir F. Cooper, in *The Future of British Sea Power* (ed, Till), p.79.

④ Daniel Todd, *The World Shipbuilding Industry* (Croom Helm, Beckenham, 1985), p.318.

设计之后,英国自行研发的新式重型鱼雷项目也可能会遭遇同样的问题①。

目前,中等强国已经越来越无力维持高效的兵器工业,为自己提供各类装备了。但是在西欧,人们一直在寻求生产专业化与共同研发,不过收效甚微②。总之,民族主义的采购政策看上去依然比严格的逻辑或是经济需求更加普遍。这与所谓的过度集体防御战略极不相称——从根本上不相称。

这种不相称不适合欧洲以外的中等强国,也不适合法国,因为在战略和采购方面法国都坚持坚定的民族主义路线。印度、日本和澳大利亚则是能造则造,不能造则买。巴西的情况很有意思,她目前拥有较大规模的武器出口工业,定位是低强度战争市场客户端,而且也为本国生产此类武器③。

第三,中等强国必须决定装备的自我研发程度。大多数中等强国都把国防预算的3%～6%用于研发。从历史上看,由于本国科技人员在第二次世界大战期间的出色表现,英国把这一比例仍维持在10%以上,不过20世纪80年代初期也曾一度缩减这方面的开支④。究竟需要做到什么程度,一直是一个关键问题。人们对此问题的看法也是各不相同:一是以英国为代表的全面研发路线,这种观念有时甚至深入到一些本国无力研发的领域;二是以荷兰为代表的高度选择路线,她在乌斯吉斯特镇的精密设施主要是为了对国产和外国装备进行性能测试评估。

---

① Cmnd. 8529 - I, para 214.

② Trevor Taylor, *European Defence Co-operation* (Chatham House Papers No. 24, 1984), pp. 55 - 58.

③ *The Military Balance*, 1984 - 1985, p. 114.

④ Cmnd. 8529 - I, paras 413 and 425.

在笔者看来,前一种路线,尤其是在政府给予财政支持、由官方统一控制的情况下,不但其本身是镀金的,而且还会给直到生产的整条线都镀上金。

最后,中等强国还必须考虑人力资源是否适合。20 世纪 70 年代,在美国的不断支持下,伊朗想一夜之间跻身中等强国之列。然而,她的发展却遇到了很多困难。尽管伊朗庞大的人口基数为其持续发展提供了必要条件,但是其薄弱的教育基础却成了发展道路上的绊脚石。两伊战争中,伊朗军队的战术突然变得像 1917 年的西部战线那样就不足为奇了。反过来讲,以色列几十年来将本国的人口资源与武装部队需求和国家战略很好地结合了在一起。她凭借出色的机动能力、组织水平、战术进攻和高端技术维持着一种以防御为主的战略态势,在陆地和海上同样大获成功。只是在占领黎巴嫩的军队陷入困境、无法行动时,以色列的国家特点与人口资源、兵力结构与力量部署之间才产生了严重矛盾,其造成的影响到现在还没有消除。

与已有的中等强国相比,这些考虑更适合于发展中国家中的中等强国。当然,只要人口基数够大,这种状况也会随着时间的推移而逐渐改善。像沙特阿拉伯和阿曼这种人口基数小的国家,对本地人员进行培训和教育,再加上引进的技能,就会使她们短期内大幅提高战斗力①。

即使讨论中等强国改进海上力量并使之与国家战略要求相适应的方法,联盟问题也会显现出来。在多大程度上,中等强国可以指望盟国提供自己无法负担却又急需的东西? 这个问题又

① Bonsignore 在‘The *Madina*-Class Frigates’第 31 页描述了与这些战舰相关的综合训练项目。

让我们想到了那些花钱大户：各种类型的核武备、太空监视以及更高级别战争的反潜支援力量。依赖总是伴随着风险，不管盟约如何牢固，到头来还是会从实用主义角度进行解读。而且，上述这些资源，尤其是核资源，往往又是超级大国不愿配置的。当然，这并不是说中等强国必须发展自己的核力量，而是说要让本国强大起来，在需要时能够保证盟国投入高级资源。

尽管本书并不赞成让联盟问题主导兵力建设需求，但是军队改革的一些细节也会牵涉到联盟问题。加强与盟国在通信与后勤保障领域的协调性是中等强国的明智政策，在海上力量的主要方面过分依赖是不明智的。

事实上，规划过程的结果是海上力量在与国家战略和资源之间协调的基础上得到改进。这是一个连续不断的过程，一个随着新证据的出现、新论据的展开而循环往复的过程。只要产生真实而及时的结果，这就是一个健康的过程。

组织与部署

中等海上强国需要有一个专门的部门来负责制定统一的海洋政策。这将涵盖近海开发、渔业、海外贸易、商船队、造船业以及用于拓展和维护上述海上力量的军事和外交手段。这样一来，所有这些活动都可以依据政府政策得到很好的规范，做到彼此协调；扶持和补贴可以用于最有效果的地方，财政资源可以得到合理利用。而且，这样的部门将具有强大的权力，确保国民生活的海洋因素得到应有重视。

然而，其中的逻辑并不是那么清晰。事实上，要建立这样一个机构牵涉面极广。比如，近海开发与世界石油开采利用的模式和经济意义的联系非常密切，要胜过与海洋活动的联系；而捕鱼业一方面有赖于国民的饮食习惯，也有赖于捕捞限额与捕鱼方法；造船业与商船队如果不是由国有经济集中操控，就很容易受到各种国际经济压力的影响。所有这些活动，都可能与海洋有关，但很适合由国家的非海洋事务部门来进行管理。

在笔者看来，绝对有必要成立一个强有力的跨部门机构，在一位公正的部长领导下负责协调各项海洋事务。这一点对中等海上强国来说尤为必要，因为海洋活动范围广泛，但还没有大到随意分隔的地步。这样，各个部门都发挥自己的作用，各类资源也会得到有效利用。

此类协调可以而且应当深入到国家各部门的具体执行层。在具体执行层面，英国相较于其他中等强国可能拥有一套更加有效的机制。需要说明一点，在本书中英国似乎受到了很多批评，这是因为笔者对英国的工作方式有很多直观印象，而且没有哪个机构能够经得起严格的审查。福克兰群岛之战的想法，并不都源于英国工业领袖者；在很多情况下，这其实是官方组织和商业组织之间计划和联系的结果，而这些计划和联系是多年来在中级管理层中悄悄建立起来的①。

在具体实施上，尤其是涉及专属经济区和近海区域时，更加紧密的协调配合是最起码的要求。尽管日本和加拿大都建立了类似于美国海岸警卫队一类的机构来全面负责维护海上秩序，但是对一个中等强国来说或许并没有必要这么做。不过，的确有必要加强对海上活动的协调，保障它们在国际和地区法律的监督下有序进行，而不致相互之间产生矛盾和冲突。

---

① 对于即兴行为功效的官方评价一直很谨慎，参见 Cmnd 8758, paras 237 - 240.

最后,对中等强国来说,海上军事力量的组织与部署也是一个关键问题。以往由专横跋扈的海外总司令官行使指挥权的时代逐渐远去①,海上作战指挥趋向于由本土的独立指挥机构来负责。给其的指示由政府传达下来。在正常状态或是低强度作战中,这种指示主要是基于政治的考虑,而在高强度作战中,无论是作战目标还是作战指导都带有更多的军事色彩。

如何在作战中进行组织指挥,如何将命令有效地传达到战场,会引起更多的争议。第一个问题是关于岸基海军航空兵的指挥问题,这会影响到监视、反潜、对舰攻击以及防空作战,这些都在其有效行动范围内。指挥本来就非常困难,因为作战元素和责任都集中于海军指挥官一身。另一方面,采购、训练、基地及后勤都是一个国家空中力量的一部分。通过研究近来中等强国的做法我们发现,那些受美国影响的国家都将海上航空兵力纳入海军体系,而受英国影响较大的国家则将它们归属于空军。法国与印度是最不受外力影响的,两国都将其海上巡逻机置于海军的管辖之下②。这个问题将来仍将存在。不过有一点是明确的,所有可能用于执行海上任务的飞机都要有与之相配套的武器系统和相关训练,并进行经常性的演习以使其充分发挥效力。另外,在需要时必须对它们的可用性持有合理的预期,至少有赖于来自海上指挥官强有力的作战命令。

---

① 流传着关于 W. W. Fisher(也许还有几个其 30 年代的指挥官)的故事:地中海舰队鼎盛时期,人们带一个小女孩去瓦莱塔做礼拜,她看着舰队在行进,尤其是看到身穿白色制服、挂满勋章的最高司令官时,心中充满敬畏。事后有人问她的看法,她说自己喜欢礼拜仪式,认为上帝看上去棒极了。他们告诉 W. W. Fisher,他回答:"哦,一个聪明的孩子,犯这样的错误很自然。"

② *The Military Balance*, 1984—1985, pp. 38 - 39 and 99.

第二,在多大程度上由岸上指挥控制,在多远的距离上由海上指挥控制,这是个容易引起争议的问题,而且随着笔者的一个同事(一位通信专家)所称的"现代通信灾难"的出现将引起更大的争议。由于现代卫星通信系统的广泛应用,不仅是岸上指挥机构,就连政府都想对作战行动进行实时指挥①。这种想法在海洋利用作战行动中尤其危险。因为面对快速变化的威胁,迅速做出反应重新调整部署,并对是否使用空中力量做出决策,更多的应由现场指挥官来决定。而在海洋拒止行动中,传统上还是由岸上指挥机构进行指挥。这种做法正确与否有待商榷。对于低强度作战行动而言,由于其政治性强,政府或是高层指挥机构需要适时出面干预,但也不可过度。由于低强度作战行动的分散性和突然性,现场指挥官—— 即使是一支小型编队的指挥官——都必须具备高度的政治敏锐性和快速反应能力,对其进行的指导也必须同样迅速准确。因此,明确的作战规则往往会成为开启胜利之门的钥匙。

由于海军的特殊性,进行重新编组相较于陆军和空军要容易许多。当然,这不是说一支刚刚组成的特混舰队立刻就能很好地执行作战任务;经过专业训练的部队只需几个小时,大规模的诸军种合成兵力群经过几天就可以在作战中进行密切配合。这种灵活性是可以通过不断的训练和演习、循序渐进地培养的。英国在波特兰成立了海上训练机构,为后续更加复杂的舰队规

---

① Cmnd. 8758, paras 205, 206 清楚地说明,英国政府强烈意识到在福克兰战争中需要保持平衡。从整体上看,其结果是成功的,不过禁航区除外。参见上述文献第136页。

模演习奠定了良好基础①。

常态下，中等强国可能会觉得拥有一支全面发展、可以执行各种任务的海上兵力是大有裨益的。海军如果缺少任何一个元素——无论是潜艇、侦察机和战斗机，还是护卫舰，不但会成为自身的一个战略弱点，而且还会使其他军种失去协同训练的机会。从战略上讲，盟国可以填补这一空白，但是训练中的任何依赖都是可笑的，而且依赖的方面越低级越可笑。

因此，平时中等强国海军的主要机构从本质上讲都只是行政机构和训练机构。作战机构及部署的灵活性都比较强，只需立足于可用的兵力，发挥其最大效益即可。

同样，兵力部署也无需墨守成规。如果法国外交部要求派一艘小型护卫舰进驻吉布提（Djibouti），那完全可以。如果法国的小型印度洋舰队可以利用其机动能力看护马约特（Mayotte）和留尼旺（Reunion），并在途中顺访东非一些港口做些有意义的事，那就更好了。如果这项工作交由非常驻舰艇来承担，这些兵力可以在途中进行相应的演习并提高作战效能，或许是最好的选择。

但是，这些看法又将我们带回了问题的核心。一国武装力量的作用是什么？它们可能履行何种使命；它们需要掩护的程度；盟国提供支援的程度；未来局势将发生何种变化——所有这些问题不但左右着兵力的部署，也会影响组织、规划和采购等环节。不管以何种渐进的方式，中等强国都必须不断评估这些基本因素，让武装力量服务于国家战略，继而让国家战略服务于国家利益。

---

① 参见 J. R. Hill, *British Sea Power in the 1980s*（Ian Allan, Shepperton, 1985）, pp.108－111, 此处有对"训练"过程的描述。

二、形成一般理论

不基于假设的理论少之又少。本研究力图使所有的论据都尽可能地基于事实，但是最后形成的理论基础仍然是一种假设。也就是说，本书讨论的所有国家都在寻求巩固自己的地位，开创并维持一个能让自身健康发展的有利环境。

这种说法看上去似乎显而易见，但还是有必要进行说明。大多数国家都宣称忠于超国家组织和理想，这在现代外交领域已经司空见惯，而且是现代外交活动的有益基础。这些宣称都有一种虚情假意的味道，但是这已经成为国际交往的一贯做法。当民族国家真心实意支持国家之间结盟，甚至不惜自身利益遭受损失时，各项战略就会变得一团混乱。因此，民族国家的至高地位是本书的理论基础。

然而，中等强国的存在却不是假设，而是建立在证据之上的。如同所有的力量形式一样，它很难定义，但是当许多参数——经济的、文化的、智力的、军事的、地理的——都指向在维护国家认同和核心利益上高度的自主与自助能力时，中等强国的地位就得以实现，除非她主动放弃自己的这种地位。

海洋性也是基于证据的。在一定程度上，它是一个国家对海洋的依赖问题，它依赖于地理因素、公众意识、经济潜力、海外

237

领土利益的范围、利用海洋进行战略威慑以及外交活动，甚至有赖于其他国家期望自己也将以一种海洋性的方式展开行动。然而，从战略意义上讲，海洋性实质上是指一个国家核心利益中的海洋利益所占份额以及在多大程度上可以靠海上手段对其进行保障。

国家战略必须是一个整体，其海洋部分也必须服务于这个整体，而不是背离这个整体。对外过度扩张与对内软弱都十分危险。英国是一个岛国，其庞大的海洋设施在 18、19 世纪可以轻松应对入侵威胁和对外战争，因而一度获得了与自身面积极不成比例的活动范围。荷兰在 17 世纪的海上霸主地位却只维持了很短的时间，原因之一就是她在陆地上的脆弱。

因此，中等强国既不能忽视对其海上利益的维护，也不能放弃利用海洋保卫和增进其一般利益的机会。这两条战略方针可能会很复杂，受到国家选择的制约；不过幸运的是，中等强国的选择并没有受到目前局势、传统做法以及未来规划的制约。不过，即使这些选择不受制约，也总是存在一些限制因素，尤其是在军事方面，比如中等强国有限的资源。

中等强国作为民族国家和战略实体，其行动计划与有限资源之间的矛盾是摆在她们面前的核心问题。这一问题不仅仅限于海洋领域。德国面对强大的苏联驻德国军团只能进行赤裸裸的对抗。印度尽管对美国在印度洋的存在保持高度警惕，但依然视北边的邻居中国为更大的威胁。而且，中等强国的海洋利益往往处在距本土较远的区域，因此政府很容易认为这些利益问题可以最后去处理，而且与立足本土的解决办法相比，通过海上力量保卫更加广泛的国家利益没有经济方面的吸引力。但是，归根结底，许多中等强国会发现在海上有很多东西需要保护,有许多事情要去做,但是手头的资源却太有限。

因此,中等强国又想到了联盟。在这个四分五裂的世界上,不管中等强国多想保持不结盟状态(印度一直不遗余力这样做),最终她们还是要寻求超级大国的支持,即使这是在面临另一个超级大国威胁时所采取的权宜之计。而没有超级大国参与的联盟,由于在 1939 年前明显无力对事件施加影响,在战后几乎十分罕见。无论是在一般背景下还是核背景下,和平与中立区域都明显被视为有益的宣示性愿望,而生效时,就会像《特拉特洛尔科条约》一样,成为制约战事升级的一种因素。但是根据以往来看,中等强国却没有把它们视为国家利益的可靠保障。

如果联盟——尤其是与超级大国的联盟——构成了中等强国战略的外部支柱的话,那么其具体形式可以多种多样。北约的紧密组织以及华约更加紧密的组织(按照本书的标准,其成员国都不具备中等强国地位,即使像波兰这样有着广泛海洋利益的国家也是如此)在欧洲以外没有出现过。即使是澳新美协议所采取的也都是相对宽松的条约形式和机构设置,而印度、巴西和日本所采取的也只是一般化的条约语言与非正式、非常驻的国际人员安排。

法国在 20 世纪 60 年代的实践表明,中等强国的选择并没有被历史关闭。法国退出北约这一永久军事体系,事实上就与大西洋盟国形成了一种特殊的关系,这种关系使得法国能够以最小的(尽管绝非无用)正式承诺换取最大的国家行动自由,并且还能够继续享受美国防卫西欧条约的最终保护。此举曾被很多人讽刺为一种不劳而获之举,但是很多法国人却认为这种模式应当为其他西欧国家所效仿,而且更加宽松的大西洋联盟无论从军事、政治还是威慑意义上都比北约更为有效。

根据本书的思想,这种模式是值得继续效仿的。这是一种有超级大国参与的多国联盟,在这种体制下,各国间签订的条约内容更加宽泛,没有规定一国遭遇紧急情况下他国必须做出的具体承诺。而其常设机构也只有很少的协调人员,主要负责制订计划,包括协调紧急状态下指挥与通信手段的使用、研究紧急情况下联合作战的一般概念以及通过外交手段增进联盟内部各政治力量中心之间的互信等。

用一个不一定恰当的比喻来讲,在紧急状态下这种松散的联盟行动与其说是机械性的,不如说是化学反应式的。一个结构严密的联盟有一套固定的机制,一旦拉动杠杆就会沿着预定的路线运动。比如,接到"简单警报",普利茅斯的"海军指挥官"就成了"大西洋中心分区司令"和"海峡盟军司令部普利茅斯分区司令",经过扩充,其参谋人员则成了北约的参谋人员。而一个更为宽松模式的联盟体制,其运行更像是一个催化反应过程。经常由个别国家这一作用物引发的突发事件本身,决定了互相帮助和组织的特定形式,尽管由于盟国的组成成分在每种情况下都是一样的,但产生的化合物总是可以辨别的。

从海洋角度看,相对宽松的联盟体制有许多颇具吸引力的特征。它明显不局限于某种特定的情况或区域;条约的措辞以及小规模、灵活性强的参谋人员结构能保证这一点。因此,它对海上突发情况做出的反应会更加迅速。而且,其反应方式——那种针对事件的催化反应——使其能够在海洋上采取主动维护自身核心利益,而这些主动行动可以由一个中等强国独立进行。最后,这种联盟对基础性的合作也没有额外的限制。在中心联盟体制之外,各国还可以进行联合演习、演练,甚至在一定程度上制定联合条令。

　　然而,这种松散联盟存在的隐患同样不可小觑。不管在解读盟约时会打多大的折扣,相对紧密的联盟毕竟有"对一国的攻击即视为对联盟所有国家的攻击"这样让人感到放心的保证,松散的联盟提供的支持保证则相对不足。紧密联盟的庞大参谋机构,负责制订计划并实施指挥,尽管行动时显得笨重,却有助于在参谋这一层次加深友好合作。而且,紧密的联盟还能够在内部建立牢固的通信基础设施,这也许算得上是这种联盟在军事意义上的最重要贡献了。最后,在海洋领域行得通的东西拿到陆地或空中就可能会打折扣。松散的联盟一旦面临陆上冲突,各个成员国的陆军将会在大陆上各自为政。然而,有大量证据表明,在陆上战区不仅后勤脱节,条令和指挥也会脱节,但是如果恰当处理这种松散的联盟,也许不会过多地加重这些脱节。

　　在选择适合自己的联盟形式或者在解读自己现有盟国的过程中——在本书的假设中已经表明,这些选择对中等强国来说都是存在的,而且是开放的——一个国家最后不得不面临这样一个问题:联盟的代价是什么? 按照本书前面的说法,这种代价可能是基地、后勤设施、政治支持、特种部队的贡献,特别驻军或者以上各类的综合。这样一来,中等强国就面临这样一个战略问题:付出这些代价会对自己的自主权造成多大影响? 而且考虑到要保护国家利益,能否承受得起这种代价? 如果答案是否定的,那么中等强国有两条路可以选择:一是建立相对松散的联盟,承担更为宽松的责任,以使本国部队独立行动的力量规划少一些压力;二是更多依赖其超级大国盟友。在过去20年中,法国在北约内部选择了前一条道路,加拿大面对国防政策上的痛苦抉择,最后还是选择了后者,而英国则逐步走上了依赖性更强的道路。

　　在经过前面这么多论证后,英国这条路看上去已经不像起初那么有吸引力了。依赖意味着自身力量的削弱,而不是增加。国家利益不能得到独立保护时,便会变得模糊。先是军事领域自由行动能力受到制约,继而这种制约将逐步扩展至外交,最后是经济领域。结果虽然可能不会像巴内特(Thomas P. M. Barnett)先生在自己耸人听闻的段落中所讲的成为"总督辖地"那样极端,但也是灾难性的,而且是毫无必要的。

　　之所以没必要,是因为付出的代价实际上比合理要求的、通过公平谈判索取的要多得多。重组英国军队使其在作战中拥有更多的自主权,也只是将他们与北约大多数国家以及所有中等强国(甚至日本)的军队一致起来。其他北约国家的部队首先是针对国家需要,然后才是配合联盟执行任务。这一转变给西方联盟带来的将是更大的灵活性,会大大减少对单一方案的依赖性,能够在更加广阔的范围内对包括苏联在内的多种威胁做出更迅速的反应。但是,这种反应不会像特殊安排一样高度依赖刻板的应急计划。

　　也许,笔者的这番言论的确带有一些戴高乐主义色彩。自这一伟大人物执政以来,法国的国防政策就一直带有一种清楚的逻辑性,而这种逻辑非常适用于本书所讲的中等强国。戴高乐政策在坚持核威慑作为保卫法国本土免受常规攻击的首选这一问题上还略有迟疑。在这位伟大将军的时代,这可能行之有效,但是现在政治局面统一性相对较低,这种政策便缺少可靠性。

　　一个中等强国,甚至是一流的中等强国,是否需要战略核威慑来应对本土受到的核威胁,本书采取了惴惴不安的回避态度,因为这实质上已不属于海洋战略问题。对这一问题的探讨,只能提供一个也许没有说服力的观点：这个决定举足轻重，但是必须立足于中等强国面临的特殊形势以及自身对未来几十年进行威慑的需要。毫无疑问，中等强国与所在联盟紧密与否是自己认识这种威胁的一个重要因素。不过，随着人们就美国对北约核安全承诺程度辩论的持续进行，这一问题已不再被视为关键问题。

假如中等强国选择或者解读联盟协议是为了确保获得充足的主动权，以保护自己的核心利益，确保在紧急情况下，自己的盟国能够更多地通过催化作用而不是通过正式的程序或机制进行干预，那么我们就可得出一种合理的方法来规划中等强国的海上兵力需求。这种方法立足于对自身核心利益、面临的威胁、兵力投送能力、可能的冲突规模以及盟国援助等因素的分析评估。然后，还要经过严格的兵力需求分析、与现有兵力进行比较、选择改进方法、与资源进行复杂的反复匹配等程序。用两个词来概括中等强国整个规划过程就是：限制与冒险。

限制因素应该显而易见，不只是在资源方面（这方面太明显），还可以追溯到规划过程的前期。即使在评估核心利益时，也应该加以区分，时刻注意所欲与所需之间的区别。不过，也不能忽视小规模侵略以及对贸易与海上通道的侵蚀所产生的累积效应。另外，在规划中，冲突级别和作战范围的限制也非常重要，次要限制因素也是如此——尤其是高强度作战行动带来的各种次要限制因素。比如，如果中等强国在制定规划时认为自己没有实施两栖作战的需要，在本土拥有良好的通信设施，而且对外没有任何承诺，那么她就不应当竭力争取实施两栖行动。如果其自身利益（也许只是本土利益）可以由海上拒止行动得到保障，那么她就可以避免较高层次海洋利用的高昂需求。后一种情况很少见,但是以色列却以这种模式建立了海上武装力量。最后,中等强国有必要对于盟国何时实施干涉进行评估——实际上就是对催化点的评估,这也必定会带来限制。前面已经讲过,这种情况不可能出现在低强度作战中,而在与另一中等强国进行的高强度作战中也不太可能出现。只有超级大国干涉,或者中等强国发现自己从一开始就与一个超级大国进行对抗的情况下,盟国的介入才更有可能。

有经验的规划专家都会说,这是一项有风险的事情。的确,风险是中等强国制定规划过程中的重要部分。本书恳切希望正确认识风险,并对其进行冷静评估。当然,有朝一日冲突也许会急剧升级,敌人将更加强大,而催化作用将比规划预见得要晚,这意味着什么样的风险?需要什么样的额外资源来大幅减少风险?可以使用多种方案来进行测试。方案的作用就在于此。这要比按照一种方案建设海上力量的风险性更小,因为后者无法适用于其他可能出现的紧急情况。假定联盟冲突很快将上升为全面战争的单一方案,从规划角度看对一个中等强国是最具风险的,因为它迫使中等强国关注苛刻、昂贵的军事力量,而从最近的历史看,这对预期出现的冲突和对抗往往是无用的。

在风险与限制问题上,规划专家的意见、政治家的判断都会经受极其严峻的考验。这些问题很可能在任何中等强国的政府内都没有充分讨论过,就轻而易举地被安逸的方案和假设所取代,而这些方案和假设并未经过深思熟虑。不过,印度、巴西和澳大利亚这样的新兴中等强国似乎非常务实,一些艰难的评估正在进行之中;而法国仍然坚持固有的战略思维,尽量在自身资源允许的范围内把事情做得更好。日本依然纠结于军事准备的哲学含义,但还是忙于对冲突级别和作战范围的评估,这种评估与前面所讲的有些思想是一致的。以色列受到初尝败绩、未达目标的困扰,但是依然拥有一支适合其特殊环境的海上武装力量。前文没有深入研究的其他国家,如阿根廷、智利、希腊、印度尼西亚、意大利、尼日利亚、巴基斯坦、秘鲁和土耳其等,也都具有中等海上强国的特征,也或多或少遵循上述一些原则。

位于北部的中等强国存在另一种做法:海上力量为盟国作贡献。东欧各国对苏联海上力量的依赖自不必说,甚至波兰海军也只具备最小的作战范围,只能独立应对最低层次的冲突。尽管荷兰、德国、丹麦、挪威和加拿大也都拥有专业的海上力量,但在很大程度上让其本国的这些力量也都着眼服从于盟国的需要。对这些国家而言,所谓的海上风险或是限制,即使不受联盟的基本评估支配,也是以其为条件的。

这就留给英国——一个有着比全球任何国家都复杂的历史和海洋遗产的国家——持续 30 年的一系列令人不解的战略思想、一个允许政策大幅变化的政治体制和正日益萎缩却依然强大的海上经济。可能是由于比较贴近笔者亲身经历的缘故,在笔者看来,英国规划过程中的紧张关系、限制和风险评估都有其独特的复杂性,或许最终还缺乏合理性。

紧张关系主要存在于两者之间:或是依靠独立的国家力量,或是依靠集体安全。通过简单扩展,这种紧张关系就成了自主战略的兵力结构与贡献型兵力结构之间的关系。这种紧张关系就像一场永不止歇的拔河比赛,无法一劳永逸的解决。无论兵力如何做贡献,总还要有一些自主权;无论有多大的自主权,在有些情况下还是要作贡献。不过,拔绳中间的色带在某一特定时刻偏向哪一方十分关键。

本研究可以得出一个不出意外的结论:英国已经在贡献型

政策方面(尤其是海上)走得太远了,1982年前几乎将自身置于危险的境地。导致这种状况的原因很多学者都有阐述,在此不再作进一步的分析。但是,有一点必须指出:在笔者看来,英国人口众多、资源丰富、面临海洋、举足轻重,不该采取一种依靠集体安全体和贡献型兵力的"战略"。她应当有高度的自主权,以在必要时运用自身的力量,就像在1982年冒着巨大的代价和风险准备做的那样。英国式实用主义的种种怪异,政策和实际行动的不一致性,在那一年暴露无遗,即便不能让人轻松到哈哈大笑的程度,也让人感到十分有趣。

为了应对挑战,英国的海上力量、两栖作战力量和岸基航空力量都得到了迅猛发展,确实应当向那些推动这项事业的人致敬——他们由国家训练、领导和动员。当然,想一想"后卫行动"也是公正的——这次行动是1966年以来由国防部的雇员和一些忠诚的平民进行的。他们为了维护冲突层级和作战范围方面的自主权进行了艰苦的斗争,催生了一支核动力潜艇舰队、一支在中等强国中最好的远洋后勤组织、一套高效的全球作战通信系统、一支世界一流的反潜力量、一支让敌人望而生畏的防空力量以及一支能够执行两栖进攻任务的舰船和部队。而且,经过一场漂亮的"反击战",又将固定翼飞机配属到了舰队中。但是,这种"后卫行动"却变得愈加危险起来,舰载空中预警系统没有获得通过,两栖作战能力及护卫舰只数量尚显不足。

福克兰群岛之战证明了后勤规划者大体是正确的,也证明了政客和博学人士的灾难性错误,但是英国政策中的紧张关系依然存在,拔河也没有因此而偏向主张自主的一方。这部分是由于军内外的既得利益,部分是由于目前强大的北约机构,部分是由于白厅内部决策的惯性,部分是由于有人在问下一场福克兰之战会_____哪里。

　　请读者原____英国问题上面，因为英国毕竟是话题的来源。现在是该下个____到普遍问题上的时候了。

　　本研究无意为中等强国的海上力量建设绘制一份蓝图。对于兵力结构的战略规划而言要立足于一国的具体国情、利益和资源。笔者希望本研究所做的，只是解释中等强国希望怎样掌控自己的命运，特别是如何在海洋方面实施这种掌控。

　　有人认为，从海洋角度来讲，再过十几年就不会有所谓的中等强国了。那时，超级大国将会凭借其高速精准的武器装备独霸海洋，其他国家的海军将不得不龟缩于自己的专属经济区内。对此，笔者不敢苟同，就像不敢苟同70年代初期一度盛行的多极化观念一样。超级大国的海上存在是一个事实，而且绝对会持续增长。但是与此同时，两个超级大国之间的相互制约也会增强，任何一方挑起争端时面临的压力也会更大。另一方面，小国或中等强国所能利用的物质资源（以应对中等规模冲突为目标的武器系统）也会在数量和效能上有所增长，其成本往往都能为这些国家所控制。因此，中等强国独立采取海上行动维护自身利益的能力和需求不会明显降低，同样她们遇到自身无法应对的紧急情况对盟国施加催化效果的需要也不会明显减弱。

　　本书所提出的各种手段，不管是概念的还是物质的，都可以随时利用，而资源往往不那么确定。中等强国只有合理利用这些手段，对限制因素和风险进行恰当评估，才有希望在自身能力范围内制定出一套切实可行的海上战略。如果一个中等强国遵循这一方针，以最少的假设来思考问题，就能够制定正确的海洋政策和维持必备的海上力量，以维护国家利益，并应对各种复杂情况。

译　后　记

　　初识《中等强国的海上战略》一书，是笔者为撰写硕士毕业论文在图书馆查阅外文资料时偶然发现的，当时感觉该书对于笔者正在研究的海权发展问题很有参考价值，因此印象深刻。这本书完全可以称得上研究当代海军战略问题的一部名著。正如作者所指出的，该书写作的背景是世界进入 20 世纪 80 年代以后，国际局势日趋复杂，海洋对人类的生存和发展更显重要，各国对海洋的争夺也日益激烈。在这样的形势下，作者提出和探讨了中等强国的海上战略问题。他指出，世界上存在一类中等强国，如英国、法国、印度、巴西、日本，也许还有中国和其他一些国家，他们拥有足够的军事力量来保护其国家利益，但又无法与超级大国相抗衡。中等强国能做什么，不能做什么，他们依靠自身力量能保护其哪些利益，是否需要与超级大国结盟等等都是需要慎重考虑的问题。作者概括地评述了海战的整个领域——海军装备、作战问题、编制体制和海上部署等。当然，本书并不是为中等强国制定具体的海上战略规划，而主要是提出了中等强国海上战略的一般性理论，因此普遍受到世界各国的重视。就翻译难度而言，我们感觉尽管本书是本套丛书中距今最近，但却是难度最大的，有很多专业术语和看似简单却很难理解的词,着实令我们头痛不已。尽管最终完成了本书的翻译,但其中肯定有诸多错漏之处,恳请读者予以批评指正。

李珂、周垂友同志承担了本书部分章节的翻译工作,岳玉庆老师和侯应钦同志承担了全书的校对工作,张文静老师为本书顺利付梓也付出了辛勤劳动,在此一并表示感谢。

吕贤臣
2015 年 2 月于青岛